Franzobel · Der Schwalbenkönig

Franzobel

Der Schwalbenkönig

oder

Die kleine Kunst der Fußball-Exerzitien

RITTER LITERATUR

Gedruckt mit freundlicher Unterstützung von:

Magistrat der Stadt Wien, Kulturabteilung

KULTUR LAND
OBERÖSTERREICH

Amt der oberösterreichischen Landesregierung, Kulturabteilung

Die vorliegenden Texte sind großteils bereits in der Sonntagsausgabe der *NZZ*, im *FALTER* und der *KLEINE ZEITUNG* erschienen; hier aber neu aufbereitet, eingekleidet und durchmassiert.

ISBN 3-85415-386-4

Herstellung: Ritter, Klagenfurt

Die Leute gehen zum Fußball, weil sie nicht wissen,
wie es ausgeht.

Sepp Herberger

Liebe 06

Wie ein Füller und ein Bleistift in der Schub-
Lade, liegen wir Dreißigjährigen im Hotelzimmerbett
Umschlugen, warten auf den großen Ladenöffner.
Ein Fernseher im Eck des Zimmers statt
Des Kruzifixes meint: Die Wahrheit liegt schon aufm Platz
Und grölt:

Cupblamage, Cupblamage, Cupblamage
Ball am Kappel unterm Arm, nein, Arsch
Krems an der Donau, Fladnitz Süd,
Ist rund, ist rund, ist rund, ist dreißig,
Rund und frägt:

Sind Sie Epileptiker? Ja, vier Dioptrien,
Ich verwechsle Hinz und Hechts,
Uben und Onten, Horn und Finten,
Dreißig und Schleißig und Ei
Darum war ich Mittelstürmer jahrelang,
Aber egal, das Spiel dauert 06 Minuten,
Nur für den Goalie [Torhüter] ist es umgekehrt.

[Drehtür]

Wenn er nichts verhütet. Häusltor.

Führe uns nicht in Verfußung

Wer weiß heute noch, wer bei der Europameisterschaft vor acht oder sechzehn Jahren Dritter geworden ist? Im Fußball, diesem seltsamen Spiel, dem die ganze Welt zu Füßen liegt, geht es eigentlich um nichts, jawohl, um nichts. Die Spieler und Trainer haben in der Regel ohnehin längst ausgesorgt, und die Anhänger können sich von Titeln auch nichts kaufen, für sie geht es allenfalls um Ehre, Stolz, um den Platz an der Sonne irgendeiner Statistik, die dann ohnehin keinen mehr wärmt, um erlebte Geschichte.

Im Grunde genommen zelebriert Fußball mitsamt dem gigantischen Mediengewummel, das um ihn mit all den Millionen Zeitungsspalten und Fernsehewigkeiten betrieben wird, resolut das absolute Nichts, die Nichtigkeit, Vergänglichkeit schlechthin; bestenfalls ist er ein Warten auf den magischen Moment, auf einen genialen Fersler Zinedine Zidanes, einen Slalomlauf Ronaldos, einen verschossenen Elfmeter Beckhams. Und doch ist Fußball, um es mal mit Marx zu sagen, Opium des Volks, der Seufzer der bedrängten Kreatur, das Gemüt einer herzlosen Welt, wie sie der Geist geistloser Zustände ist.

Ist Fußball Ersatzreligion? Nein, Fußball ist Religion. Nicht umsonst spricht man vom Hinpilgern zum heiligen Rasen, vom Glauben an die Mannschaft, von Gelb-Rot-Sündern, Ewigkeit, gottgleichen Spielern, Hexenkesseln, Erlösern, Auferstehungen und Wundern. Wunder, die im Katholizismus von Gott kommen, gegen die Ordnung der Natur, augenfällig und zur Stärkung des Glaubens sein müssen, so dass weder Hexe noch Zauberer, sehr wohl aber ein Kicker Wunder wirken kann. Die Pokale und Meisterschaftsteller gleichen den Monstranzen, Schiedsrichter sind moderne Messdiener, Ballbuben Ministranten, der Ball das Kreuz, Dressen die Soutanen, Kutten, Fernsehstudios wie Beichtstühle, Stadien die neuen Kirchen, Garderoben Sakristeien, VIP-Plätze wie Galerien in der Kirche, Mannschaftsposter Heiligenbilder, Chips und Bier die neue Form von Hostie und Wein.

Während Fußball enormen Zulauf hat, mehr und mehr Menschen an Mannschaften und Vereine glauben, treten parallel dazu immer mehr aus ihren Religionsbekenntnissen aus, gibt es Pfarrermangel, Ordensschwund. So leben beispielsweise in St. Lambrecht, dem ältesten Benediktinerstift Österreichs, das wohl Platz für hundert böte, gerade mal fünf Mönche. Und wie verbringen die das Ereignis Weltmeisterschaft? Mit Seelsorge, Gebet und Ikonenmalerei? Kriegt man an so einem Ort der gesunden Abgeschiedenheit vom WM-Fieberschub überhaupt noch etwas mit? Natürlich. Zwar hat Pater Cyriak, dessen Namenspatron Nothelfer gegen Visionen und Teufelserscheinungen ist, gesagt, dass nur eines noch dümmer als Fußball ist, nämlich anderen beim Fußball zuzusehen, aber kurz nachgesehen hat er dann doch, ob Pater Veit (sein Namenspatron ist in siedendem Öl gesotten worden) immer noch vor der Glotze hängt, sich im mit theologischen Büchern angefüllten Fernsehraum garen lässt und den Versuch Kevin Kuranyis (der hat keinen Nothelfer) eine diegorianische Hand Gottes ins Spiel zu bringen kommentiert. Fußball mit den Mönchen ist wie überall, es gibt Bier (oder Sehnsucht danach), über die Spieler Lahm, Hinkel und Schweinsteiger werden ebenso Witzchen gemacht wie über die Platzsprecher. Phillip von Oranien und Heinrich In der Mauer werden assoziiert, und als prompt der Ausgleich für Holland fällt, springt der Novize Denis jubelnd auf, ballt die Fäuste und ruft wie das Amen im Gebet: „Tor!“ – sein Namenspatron Dionysius wurde übrigens geköpft.

Vielleicht ist Fußball ja wie Religion Sehnsucht nach Ewigkeit, vielleicht sind die paar uns vergönnten genialen Momente in der Lage, das Zeitkontinuum aufzureißen, uns die Unsterblichkeit kosten zu lassen. Zumindest beten können wir darum, hoffen, dass der WM-Boom auch dem Europagedanken, der Vision einer chancengleichen Welt, etwas bringt. Und den Kirchen? Vielleicht sollte es doch einmal eine Meisterschaft der Mönche, eine Monty Python gleiche Pater-Liga mit Kreuzgangtaktik, Flüsterecken und Eremitenstürmern geben? Ich wäre dafür.

Ein moderner Exorzist

Nicht, dass ich wen verdächtige, nicht, dass ich nicht an Wunder glaube, an das Gute und Ehrliche im Menschen, aber manchmal muss halt nachgeholfen werden – und das ist dann mein Job. Nein, vorstellen muss ich mich nicht, schon wegen der Kühltasche, dem Apothekermantel und den ausgefallenen Besuchszeiten ist klar, dass ich nicht wegen der Fernsehgebühren komme. Oft will man nicht einmal den Ausweis sehen, bekreuzigt sich nur, weint und betet. Was ich bin? Ein moderner Exorzist, nur habe ich statt des Kreuzes Becher, statt der Rosenkränze Plomben. Bei Robert Lemkes lustigem Beruferaten wäre meine Handbewegung die des Kühltascheschließens. Zur Begrüßung sage ich meist: „Einmal voll tanken bitte. Bleifrei und normal." Da schmunzeln dann welche, andere laufen weg. Aber die meisten haben ein Sensorium, schlafen anderswo, sind, von Einreisebehörden oder nationalen Ämtern informiert, längst auf der Flucht. Der Teufel schläft nicht.

Wenn mir aber doch einmal einer vor den Pissbecher gerät, kann er nicht oder bekommt, weil ich zusehe, eine Verhaltung. Nicht, dass ich ein leidenschaftlicher Pinkelschauer bin, nicht, dass ich wen verdächtige, aber man glaubt ja nicht, was Sportler alles tun, um einem Fremdurin unterzujubeln. Manche haben ihn in Säckchen zwischen ihren Körperfalten, Ampullen im Hintern, in gefüllten Tennisbällen unterm Arm, andere spritzen ihn sich direkt in die Blase oder sie lassen sich Katheter implantieren. So fremd ist der Fremdurin (für mich das Wort des Jahres) übrigens nicht, meist stammt er vom Trainer oder der Ehefrau. Es gibt Sportler, die haben Eistruhen damit voll, tragen ihn in Schuhsohlen herum. Urin ist die Geheimwaffe dieses neuen Kalten Krieges.

Ohne Tipps aus der Szene hätten wir es aber schwer, auch die Chats der Bodybuilder sind interessant, der reinste Sündenpfuhl. Ich war schon immer für Moral und Ehrlichkeit, mich würden nicht einmal Folter und Todesstrafe stören, bei Doping kenne ich nichts, das ist Ketzerei, Betrug, Gotteslästerung, da bin ich für null Toleranz, die moderne IOC-Inquisition. Aber dass gerade ich als Saubermann Pisse sammeln muss? Natürlich kann ich jetzt keine Sportübertragung mehr genießen, weil verdächtig sind ja alle, da muss man nicht erst Annus oder Charfreitag heißen, die wie Hausfrauen beim Staubsaugertraining aussehenden Hockeyspielerinnen genauso wie die Ruderer, Taekwondos, Kraftsportler oder 200-Meterläufer, die trainieren, möglichst schnell ums Eck zu kommen – was sie bei Elisabeth Kübler-Ross auch erfahren hätten. Leistungssteigerung ist immer drin, ich habe alle im Verdacht, bin für einen Sportler-Hexenhammer.

Meine Nachbarn denken, Dopingkontrolleur wäre ein bequemer Job, ein Goldgräber der Gegenwart, viel Herumreisen, Proben sammeln, einschicken – nichts dabei. Die sehen nicht die Handgreiflichkeiten, Drohungen, dass man kaum Freunde hat, nur Buhmann ist.

Dabei träume ich oft von einem Medaillenspiegel, in dem die Dopingnation überlegen führt. Und in Alpträumen sehe ich mich im Institut für Biochemie, diesem Fort Knox des Sports, inmitten tausender Urinfläschchen, dem Bernstein der Gegenwart, sehe die Proben von Ben Johnson, Katrin Krabbe, Ludmilla Kratochvilova, Dieter Baumann, Carl Louis, Robert Fazekas, Irina Korschanenko und wie sie alle heißen, sehe, wie sie alle in ihren Fläschchen gefangen sind und schreien: „Gib uns frei, befreie uns. Alle Wünsche erfüllen wir dir, lass uns raus". Und ich? Ich schwanke, gebe nach, ertrinke gleich in einer ungeheuren gelben Flut, rette mich aber an Land und stelle entsetzt fest, dass am Sandstrand nichts als Steroide sind.
Freilich, mich empfängt kein Bundespräsident und keine Blasmusik, weder Werbeverträge winken mir, keine nach mir benannten Straßennamen, noch wird die Hymne wegen mir gespielt, und doch habe ich gemeinsam mit Kollegen schon so manchen Rekord pulverisiert, sind die Weiten beim Kugelstoßen der Frauen seit 1998 um zwei Meter zurückgegangen, hat man im Weitsprung nur dank mir die neun Meter noch nicht übersprungen, geht alles langsam zurück, womit der Sport endlich wieder glaubhaft wird. Wem verdanken Sie es? Mir!

Was die FIFA nicht weiß

Warum bin ich für kurze Hosen? Weil nicht mehr gejubelt und gezürnt wird. Auf kleine Gesten beschränkt man sich, auf Andeutungen, aber die Entäußerungen, Hingaben im Jubel wie im Zorn, sie fehlen. Liegt es daran, dass ich keine kurzen Hosen mehr anziehen darf, gealtert bin, oder ist es wirklich so? Tennisstars, die den Schläger als Hammer missbrauchen und den Platz pflastern, sind ebenso verschwunden wie Stöcke zerbrechende Skifahrer, Ball zerbeißende Fußballer. Der Sport ist entemotionalisiert, sogar das Publikum muss sitzen.

Früher gab es pummelige Tennisspielerinnen, eine nach Geschlechtsumwandlung aussehende tschechische Mittelstrecklerin namens Ludmilla Kratochvilova und eine immer siegreiche deutsche Nationalmannschaft. Heute wird die Niederträchtigkeit der Welt höchstens noch in den gedopten Radrennfahrern und der schuhmacherschen Eintönigkeit personifiziert, regt man sich über kurze Hosen tragende Männer auf. Für meine Frau etwa, die in Buenos Aires der Militärdiktatur groß geworden ist, steht das Tragen von kurzen Hosen auf derselben Stufe wie das Aufsetzen einer Niki-Lauda-Kappe und wird ungefähr mit einer Entmündigungserklärung gleichgesetzt. Sogar der seriöse Kolumnist Karl-Markus Gauß, seit seiner Injurie gegen den Direktor der Wiener Festwochen, Luc Bondy, über Österreich hinaus bekannt, hat sich entschieden gegen nackte Touristen-

Männerbeine in Salzburger Kaffeehäusern verwehrt.
Was ich ja irgendwie verstehe, hat er, Gauß, doch vermutlich selbst, wie wohl auch Bondy, keine besonders appetitlichen Beine. Beim einen vermute ich eine gewisse engelsgleiche Schwammigkeit, beim anderen Revolverknie. Weiß und stark behaart werden die einen sein, krumm und krampfadrig die anderen. Beine können vielem gleichen: Ästen, Würsten, Auspuffrohren, Stelzen, schön aber, das gebe ich zu, schön und ein Grund zum Jubeln sind sie selten.
So wundert es eigentlich, dass die internationalen Fußballverbände, die doch bereits das Herzeigen der nackten Oberkörper, die jubelnden Spielertrauben, das Abbusseln und Erklettern der Zuschauergitter verboten haben, nicht schon längst auf die Idee gekommen sind, die entblößten Spielerbeine zu verbieten. Aber wer weiß, vielleicht sind entsprechende Verhüllungen ja längst geplant, wird man – schon alleine der zusätzlichen Werbeflächen wegen – bald auch Fußballspieler in langen Hosen sehen müssen?
Und dabei ist ja die Hauptsauerei bislang noch unentdeckt geblieben. Bei einer Fußballweltmeisterschaft kommt die größte Anstößigkeit nämlich immer erst zum Schluss, unmittelbar nach dem Finale wird sie zelebriert, und, was das Schönste ist, sie fällt als Schweinerei niemandem auf, wird übergeben, abgeknutscht und in die Höhe gestreckt: der Pokal! Haben Sie sich diesen von Silvio Gazzaniga entworfenen und seit 1974 vergebenen „World Cup“ schon einmal angesehen? Seiner Funktion nach sollte ein Pokal

doch etwas fassen, dieser hier fasst nichts. Vermutlich leitet sich der Brauch des Siegespokals ja vom Schädel des Besiegten her, aus dem der Sieger dann mehr oder weniger symbolisch trinkt. Der 36 Zentimeter große „World Cup“ aber erinnert an etwas anders, und zwar ziemlich deutlich, nämlich an einen feisten, fetten Phallus.

Aber so lange die FIFA das nicht merkt, kann ich weiterhin für die aus der Mode gekommenen kurzen Hosen und einen exaltierten, überschwappenden Jubel sein. Erstens kommt es auf die Beine an, und da bin ich von den meinen überzeugt. Zweitens darf, wer es nicht glaubt, das in die Kniekehlen gezeichnete H als Lachlaut lesen. Und drittens ist der Moment des Jubels, dieses nicht mehr unterdrückte, ausgelassene Glück, das Schönste überhaupt.

Dicke Männer braucht die Welt

Fußball ist ein sonderbares Spiel, alles ist möglich, alles hängt von Zufällen und Schicksalsschlägen ab, Fußball ist eine spielgewordene Unbegreiflichkeit, die uns vielleicht die Rätsel unserer Existenz erahnen lässt. Das glauben Sie wahrscheinlich alles noch, wenn ich Ihnen aber als Konsequenz daraus nun präsentiere, dass Amerika der nächste Weltmeister wird, wenden Sie sich lächelnd ab und sagen: „Nie und nimmer. Amerika? Im Frauenfußball höchstens". Ich bleibe aber dabei, USA wird 2006 Weltmeister! Und zwar nicht, weil mir der amerikanische Präsident samt seiner Politik sympathisch ist, auch nicht, weil das Wort Soccer gut klingt oder mich die Mannschaft für sich einnimmt. Die hat zwar zumindest 2002 einen hervorragenden Tormann, eine solide Abwehr und recht gefährliche Konterstürmer gehabt, aber auch damals hat es noch nicht einmal gereicht, Deutschland auszuschalten.

Und trotzdem: Amerika wird der nächste Weltmeister, weil es die Spieler der Zukunft hat. Und zwar nicht die austrainierten Miami-Müsliriegel, Beach-Boy-Schwarzeneggers, sondern die fetten Kugelmenschen, Dickmänner mit den Marshmellows im Waden und der Burgerking-Figur, wo ein Hals nicht mehr zu erkennen ist, schweißig rosa Haut, eine einzige faltenlose Ausbuchtung. Diese Extrem-Oliver-Hardys werden die Fußballstars der Zukunft sein. Jetzt lachen Sie nicht gleich. Nur weil dicke Männer außer im

Sumo-Ringen, Kugelstoßen und Kartenspielen nirgendwo erfolgreich sind, heißt das ja nicht, dass unförmige, aus dem Leim gegangene Figuren immer ohne Chance bleiben. Gerade in Zeiten, wo derart groß, dass man sich sogar als Nichtraucher bedroht fühlt, auf EU-Zigarettenschachteln prangt: *Rauchen tötet*, muss man den Dicken etwas bieten. Also Dickmannspiel. Fressen Sie sich fit!

Die zugrunde liegende Theorie, die selbst den Trainer des österreichischen Meisters 2005 Rapid Wien ins Schleudern brachte, ist nämlich die, dass eine Mannschaft nicht aufzuhalten ist, wenn zehn Spieler einen Kreis bilden, in dessen Mitte ein einzelner den Ball führt. Einer römischen Kohorte gleich (so wie in „Asterix und Obelix") würde diese Formation Tor um Tor erwandern. Das Problem dabei ist nur, dass diese Taktik ähnlich der Räuberleiter bei Eckbällen gegen das Regelwerk verstößt: Behinderung! Was aber, wenn man das Prinzip weiterdenkt und auf einen einzelnen überträgt? Wenn also ein noch viel dickerer Dickwanst als Ottfried Fischer mit einem Fettwulst von zwei Meter Durchmesser aufläuft, bei dem es sich rein winkelmäßig gar nicht mehr ausgeht, ihn zu attackieren – höchstens mit Grätschen und Hineinrutschen, was aber bei einem derartigen Gewicht lebensgefährliche Folgen hätte.

Der Dickwanst müsste dann nur den Ball zwischen den Knöcheln halten und langsam in Richtung gegnerisches Tor trippeln. Er wäre unaufhaltsam und böte auch genügend Fläche zur Identifikation. Die einzige Möglichkeit so einen

XXXXL-Stürmer zu stoppen, wäre allenfalls, wenn die gegnerische Mannschaft Pygmäen einsetzte. Wie? Wäre das dann das Ende für den Fußball? Da haben Sie eventuell natürlich recht, aber eben deshalb muss Amerika 2006 ja Weltmeister werden, nicht nur als Konsequenz der Nichtraucher-Konquistatoren, sondern weil das unsere einzige Chance ist, sonst geht dieser Fußball nämlich nie kaputt, landen wir noch in einer totalen Fußballokratie, einer Fußballdiktatur, die das Leben nur noch aus Fußballspielen bestehen lässt, aus einer ständigen Abfolge von Meisterschaftsspielen, Länderspielen, Cup, Champions-League, UEFA-Cup und dazugehörigen Analysen, Vorberichten, Zusammenfassungen, einer fußballerischen Rundumbeschallung. Darum ist Amerika hier endlich einmal wirklich die Hoffnung für die freie Welt. Forza Amerika! Forza Dickmänner! Prost, Mahlzeit!

Absurde Denkmäler: Das Wurstbrot

Seit längerem lässt mir die Frage keine Ruhe, was ich wohl kochen kann, wenn mich dereinst das Schicksal österreichischer Semiprominenz ereilt und man mich zu einer dieser unzähligen Kochsendungen einlädt, die den ganzen Tag über den Bildschirm brutzeln und in immer raffinierterer Form, bei immer ungeschlachteren Gesprächen das Essen zurichten. Meine bescheidenen Kochkünste können da nicht mithalten, Begriffe wie Unterheben, Anlaufenlassen, Umlegen, Binden, Klären, Schwitzen oder Einstreuen assoziiere ich mehr mit Ballsportarten denn mit Kochen, einen in den Fernsehküchen immer parat stehenden Fleisch- oder Fischfond(s) habe ich auch nicht, seit der Krise auf den Aktienmärkten schon überhaupt nicht, also bleibt als einzige von mir sicher vorkochbare Mahlzeit die überladene Bravourausführung des täglichen Brotes, manna deluxe sozusagen, das, obwohl eines der populärsten Gerichte überhaupt, von den Kochbüchern links liegen gelassene Wurstbrot.
Schon sehe ich mich mit Kochschürze und -haube im Fernsehstudio alles fachgerecht erklären: Man bestreiche fingerdicke Brotscheiben mit etwas Butter, schlichte darauf vier bis zwölf, gegebenenfalls zuvor enthäutete, nicht mehr kühlschrankkalte Wursträder, belege dieses Fundament mit etwas Käse, einem gefächerten Essiggurkerl, einer halbierten Perlzwiebel, Kapern oder einer Scheibe Ei und gebe zum Abschluss je nach Geschmack einen Tupfer Senf, Mayonnaise

oder Ketchup rauf. Eine Prise Salz, etwas schwarzen Pfeffer. Als Serviervorschlag empfiehlt sich eine fachgerechte Vierteilung. Getränke passen als Begleiter praktisch alle. Das Wurstbrot ist universal getränkekompatibel, ein Allerweltsgericht, das, wenn man fünf verschiedene Wurstsorten verwendet, am besten Nieren-, Blut-, Grünkern-, Maiswurst und Pfeffersalami, das Allstargericht der Olympischen Spiele werden könnte.

Welche Gerichte stimmen eigentlich bei welchen Sportarten? Fußballspiele etwa lassen den Pizzakonsum derart ansteigen, dass manche Pizzaflizzer während wichtiger Spiele Extraauslieferer anstellen. Zu Skidisziplinen habe ich immer gern Würstel oder Bananensplit gegessen, was ja vielleicht in der Formähnlichkeit zwischen Ski, Würstel und Bananen seine Begründung hat. Demnach müssten Tennisspiele vor allem den Knödelkonsum anregen, während Golf Kokosbusserl, Schießen Erbsen und Basketball Kürbisse erfordern würden: Rollbraten passt vielleicht zu Bodenturnen, Kohlsprossen zu Minigolf, die Dobostorte zu Laubsägemeisterschaften und die Krapfen (Berliner) zu Boccia. Was aber passt zu Autorennen? Zwetschkenkompott? Und zum Boxen? Veilchensoufflee? Was zu Eiskunstlauf, zum Bobfahren und was zum Hundertmeterlauf? Und was zu Fußball?

Mit dem Image ist es wie mit dem Reis, schon ein leichtes Anbrennen genügt, alles ungenießbar zu machen. Darum bleibe ich lieber beim Wurstbrot, da kann weniger passieren.

Risotto mit Schneckerl

Auf der ganzen Welt heißen Städte „Gute Luft" (Buenos Aires, Vindo-Bona, Peking, Venedig), auf der ganzen Welt träumen Jugendliche davon, berühmt zu sein. Sie stellen es sich toll vor, von Titelbildern zu grinsen und im Fernsehen Meinung abzusondern. Sie denken an üppigste Autos, schönste Villen, teuerste Frauen. Und sie haben keine Ahnung! Berühmtheit ist ein Schas, Berühmtheit ist wie Aussatz. Schon ein mittelmäßiger, im Grunde lächerlicher österreichischer Provinz-Prominenz-Affe wird auf offener Straße erkannt, zu allen Unzeiten um Paraphen gebeten, kann vor den eigenen Fans sich nicht erwehren und wird ständig mit mittelschlechten Kabarettisten verwechselt, was bei der Kabarettistendichte Österreichs fatal ist. Außerdem kann er sich nicht bei der Millionenshow bewerben – und das, obwohl er sicher ist, eine bodenlose Karaffe der Weisheit zu sein. Nein, Berühmtheit ist ein Schas, sie stinkt.

Nur einen Vorteil hat es, wenn man so ein Provinz-Prominenz-Affe ist, man lernt seinesgleichen kennen – und manchmal ist das toll. So kam zum Beispiel „Gusto", das österreichische Kochjournal, auf die glorreiche Idee, einen Grünen (Rapidler) mit einem Violetten (Austrianer), einen Schriftsteller mit einem Fußballer kochen zu lassen: Franzobel und Herbert Prohaska. Welche Ehre, da war die Provinz-Prominenz einmal kein Schas. Aber was sollten, respektive konnten wir kochen? Ich war für Spinat, Weißwurst und

violette Kartofferln, während der Schneckerl für Forelle Müllerin, gefüllt mit Blutwurst und Radicchio votierte. Ist ohnehin egal, meinte die freundliche Gustoredakteurin, Hauptsache es wird nicht ledern oder hölzern. Und sogar wenn es stoppelt, ist es nicht schlimm, weil es geht ja nur ums Photo. Also wurde über unsere lockigen Köpfe hinweg Sepia-Risotto mit Garnelen ausgewählt. Forza Juve!
So trafen wir einander, der begnadete Mittelfeldstratege, Zylinder von Izmir, der Nationaltrainer mit den meisten Spielen der Zweiten Republik, Austria-Ikone Herbert Prohaska und ich, Schriftstellerwürstel Franzobel. Natürlich war klar, dass wir über Fußball reden würden, hatte ich mir auch Fragen zurechtgelegt, etwa ob man damals in Italien beim AS Roma wirklich glaubte, „Schneckerl" käme von Schnecken-Geschwindigkeit? Ob er sich noch an die Aufstellung des Valencia-Desasters erinnere? Was es mit dem angeblichen Putsch gegen Stronach auf sich habe? Ob er lieber Weinberg- oder Mohnschnecken mochte? Aber Schneckerl ließ mich überhaupt nicht zu Wort kommen, während er Zwiebel und Fenchel schnitt, ich mit der Entdärmung der Garnelen alle Hände voll zu tun hatte, meinte er, dass er nicht nur mit Begeisterung meinen jüngsten Roman „Das Fest der Steine" gelesen hätte, er ganz angetan sei, wie spielerisch leicht da die großen Themen behandelt würden, wie wunderbar die Erzählfäden zusammengingen, was für ein Genuss das sei, sondern er auch in meinem Stück „Wir wollen den Messias jetzt" im Akademietheater gewesen wäre.

Er, der eigentlich kein Theatergänger wäre, aber mit Frau, Schwiegermutter und einer Ballett tanzenden Tochter eben auch da nicht umhinkäme. Ein grandioser Abend, jauchzte er vor Glück, während er den Reis mit Veltliner aufgoss. Dieser Jesus, genial! Wie der übers Wasser geht! Während Schneckerl rührte, mengten sich auch der uns beigestellte Koch, die beiden Photographen und die Gustoredakteurin hinzu und diskutierten aufgebracht über Roman und Stück. Ich, mit meinen Fußballfragen ganz allein gelassen, kam natürlich nicht zu Wort.

– *Erinnert mich an die Blechtrommel*, rief die Redakteurin.

– *Rabelais nicht zu vergessen*, warf ein Photograph ein.

– *Aber bitte*, sagte Schneckerl gönnerhaft, *die Anspielungen an Rayuela sind doch offensichtlich.* – *Doderer*, schrie der zweite Photograph. – *Ulysses!* – *Märchen aus Tausendundeiner Nacht!* – *Struwwelpeter!*

Und während ich mich mit dem Wein zurückzog, brannte der Reis an, spritzten die völlig im Literaturdisput Verlorenen die Sepia-Tinte über die versalzenen Garnelen statt ins Risotto, krachte der Tisch zusammen, wurde vom Rauchmelder Feueralarm ausgelöst, kamen die von Nachbarn alarmierten Einsatzfahrzeuge, um auch mit zu diskutieren – aber da war ich längst schon über alle Berge. Manchmal ist es halt doch ein Schas, berühmt zu sein – auch in Städten, die „Gute Luft“ heißen.

Meine Frau, der Teamchef und ich

Vor ein paar Tagen geriet ich in ein kleines Drama, das mir für die Entwicklung der österreichischen Nationalmannschaft recht beispielhaft erscheint. Es begann damit, dass am Boden einer Wiener Straßenbahnhaltestelle jemand lag und zuckte. Er röchelte und gab gurgelnde, nach Atem ringende Laute von sich. Ein Schauspieler? Ein Weltuntergangsprediger? Nein, ein Epileptiker, den die Wiener in ihrer weltberühmt charmanten Art nicht einmal ignorierten. Alle hetzten an dem Mann vorbei als wäre er ein Politiker auf Stimmenfang. Dabei hatte er Schaum vorm Mund und drohte zu ersticken. Ich, sonst auch eher zum Raushalten aufgelegt, telefonierte nach der Rettung, die mir ihr Kommen aber erst zusichern wollte, nachdem ich Handynummer, Geburtsdatum, Wohnanschrift, die Kontonummern meiner Kinder und so weiter hergegeben hatte. Da nützten alle Beteuerungen, dass es um mich doch gar nicht gehe, nichts. Vorschrift ist Vorschrift ist Vorschrift ist Vorschrift.

In der Zwischenzeit hätte der Epileptiker ersticken müssen, doch er hatte Glück. Es ging ihm mittlerweile sogar schon wieder besser, ja, sogar so gut, dass er sich aufrichten konnte. Ich sah Blutkrusten im Bart, braune Zahnstummel, blaue, aus einem dicken Verband leuchtende Zehen, ein schmutzstarrendes Gesicht und außerdem stank er wie ein Autobahnparkplatzklo. Ich reichte ihm ein Erfrischungstuch der Lufthansa, wovon ich, seit es in Flugzeugen nichts mehr zu essen gibt, immer gleich mehrere einstecke – sofern ich neben der Schwimmweste und dem Feuerlöscher noch Platz habe. Seine dicken, tabaksaftgelben Finger brachten es nicht auf. Ich half. „Mei, ist das gut! Und wie das riecht. So was Gutes! Mei, ist das gut!“, war der epileptische Sandler glücklich, bedankte sich, stand auf und torkelte davon.

„Halt! Bleiben Sie da! Dableiben! Was wird die Rettung sagen, wenn Sie plötzlich weg sind. Sie machen mich ja lächerlich! Kommen Sie zurück! Bitte!“, brüllte ich ihm nach. Er aber wollte mich nicht hören und ging mitsamt seinen Hofersackerln und Dopplerflaschen einfach davon. Kaum war er verschwunden, kamen auch schon zwei Sanitäter mit Krankentrage und Infusionsflasche angerannt.

„Wo ist er? Wo? Wo ist er?“

„Tut mir leid“, zuckte ich die Achseln, „aber er ist weg.“ Und nachdem ich den Rettungsleuten alles erklärt hatte, meinten sie nur lakonisch: „Kenn' ma eh! Der Krankl! Den kennen wir, der macht das dauernd.“

Krankl? Musste dieser epileptische Eskapaden-Sandler wirklich wie der Teamchef heißen? Zufall? Oder nicht? Sorgte nicht auch Hans Krankl, wo immer er hinkam, für Aufregung, Aufbruchsstimmung und Tumult, um dann doch nur ein Desaster zu hinterlassen? Und waren nicht auch all seine Trainerstationen Missverständnisse, Reinfälle und Katastrophen – so als wollte er das Scheitern und Versagen demonstrieren. Hans Krankls Serie von Fehlschlägen ist beachtlich: Von 1989 bis 92 trainierte er Rapid, die in den beiden Jahren zuvor noch Meister geworden war, um in drei Jahren zweimal das Cupfinale nicht zu gewinnen – unter anderem 1991 gegen Sparkasse Stockerau. 1994 ging er zum regierenden Cupsieger nach Innsbruck, um auch hier nichts zu gewinnen, 1998 übernahm er Meister Salzburg, um wieder nichts zu gewinnen. Einzig mit Mödling und Admira stieg er nicht ab, mit Fortuna Köln in der zweiten deutschen Liga aber schon. Und als Teamchef? Da verpasste er sowohl die EM- als auch die WM-Qualifikation. Krankl hat in seiner nun schon 16jährigen Trainerkarriere außer Stadthallenturniere, die es inzwischen schon nicht mehr gibt, nichts, aber wirklich nichts gewonnen, nicht einmal das Sommerwitzturnier auf Zypern – und doch hilft man ihm immer wieder gerne auf, hofft, dass er es irgendwann schon schaffen wird, vergönnt ihm alles, um doch ratlos zuzusehen, wenn er gleich wieder davon torkelt, wo anders Unheil anrichtet.

Meine Frau hat noch bei jedem Teamspiel aufgestöhnt: „Wer ist denn dieser schöne Mann da mit der Hand am Herz? Der schönste Mann von Österreich!“ Sie betet ihn an – bis er den Mund aufmacht und einen Halbsatz spricht, dann ist er unten durch. Und wenn sie fragt, wie er als Trainer ist, stottere auch ich. Noch nie war Österreich in der Weltrangliste so schlecht platziert, wie unter Trainer Krankl, aber auch nur selten war die Hoffnung so enorm.

Die Revolution auf Österreichisch

Der Teamchef des österreichischen Fußballnationalteams, Hans Krankl, äußerte sich am 1. April 2003, im Vorfeld des Ländermatches gegen Tschechien, zu den Plänen der Bildungsministerin Elisabeth Gehrer, die Zahl der Turnstunden zu reduzieren. Dazu Krankl im Wortlaut:

> *„Die sollen kürzen die Mathematikstunden, die sollen kürzen die Lateinstunden. Wer braucht Latein, heut' musst du noch immer Latein lernen für die Matura Schwachsinn! Turnen, dann sind unsere Kinder nicht dick. Turnen, dann sind unsere Kinder gesund, da rede ich nicht einmal vom Fußballspielen. Ich will, dass alle Buben in Österreich Fußball spielen, das möchte ich gerne. ... Alle Kinder sollen turnen, damit sie nicht dick werden, damit sie gesund sind. Sport betreiben, dann erspart sich der Staat viel Geld für Dicke, für Blade, für Pulver, für was weiß ich alles. Da beginnt die Wurzel von allem, auch des Fußballs. Da beginnt's, wenn man nicht einmal in der Schule anfängt, Fußball zu spielen, oder wenigstens auf's Seil ‚aufe kräullt', oder die Leiter ‚aufe kräullt' und auf der anderen Seite wieder ‚obe'. Da müssen wir zusammenhalten und gegen das müssen wir kämpfen. Wir marschieren voran mit der österreichischen Fahne. Absolut, im Ernst, nicht zum Lachen, die Revolution kann nur so beginnen. Nur ob wir's schaffen, ist eine andere Frage."*

Nachsatz: Seit Ende 2005 ist Hans Krankl nicht mehr Trainer der österreichischen Nationalmannschaft.

Tu felix Austria nube!

Höllen gibt es viele, schon das Dasein als österreichischer Fußballfan kann eine sein. Welche inneren, nicht einmal von Dante Alighieri erdachten Höllenkreise muss aber der in Deutschland gebürtige Steffen Hofmann geschaut haben, nachdem er sich für die österreichische und gegen die kliensmannsche Spaßhabertruppe entschieden hatte? Zuerst versprach man ihm noch den austriakischen Himmel auf Erden, hieß es großsprecherisch, der seit einem Jahr mit einer Wienerin verheiratete Rapidkapitän könne auch das österreichische Nationalteam ins eine oder andere Qualifikationsparadies leiten, sonnten sich die ÖFB-Mächtigen in diesem Hofmanns-Tal, bis plötzlich der Höllenschlund sein Maul auftat und mit einem Absatz 5 des Artikels 15 der FIFA-Statuten peinigende Teufel auftauchten. Nicht spielberechtigt stand da plötzlich an der Wand – und zwar unüberwindlich, gültig für jedermann. Nicht spielberechtigt! Das Recht des Verbandswechsels ist für Spieler über 21 Jahre mit dem 1. Jänner 2005 erloschen, und somit auch Steffen Hofmanns Chance in die Fußstapfen von Bernd Kraus, Ding Yi oder Biko Botowamungu zu treten.

Abgesehen davon, dass nach solch einem höllischen Lapsus, wie er dem ÖFB passiert ist, in jedem anderen zivilisierten Land die Verantwortlichen so lange auf die Hörner genommen werden würden, bis sie freiwillig den Hut nehmen, wurstelt man in Österreich weiter der herandräuenden

Europameisterschaft 2008 entgegen und scheint aus dem Fall Hofmann nichts lernen zu wollen. Oder ist das bloß eine raffinierte Strategie hiesiger Fußballdiplomatie, die andere Verbände in der Sicherheit kakanischer Belanglosigkeit wiegt, während sie tatsächlich mit einer Rückbesinnung auf Habsburger Tugenden zum großmächtigen Gegenschlag ausholt und andockt, vielmehr anheiratet an die Fußballeliten dieser Welt. Während sich nämlich andere mit kostenaufwendigen Nachwuchsakademien und Fußballschulen aufhalten, werden die Österreicher einfach alle brauchbaren Nachwuchsspieler zusammenheiraten, jawohl zusammenheiraten.

In analog zu den Schihauptschulen und Skigymnasien eingerichteten Brautbrutstätten werden sie herangezüchtet, selbst Doping ist erlaubt: blonde, langhaxige, großbusige, vollmundige und zu allem bereite Heiratskandidatinnen, die auch vor einem zahnlöchrigen, fliegerohrigen Brasilianer mit Schamdreiecksfrisur nicht zurückschrecken, verwegen wie einstens Ostblockagentinnen in James-Bond-Filmen sich ihrem Land hingeben und alles über den Haufen heiraten, selbst sabbernde, o-beinige Holländer oder hüfthohe Mexikaner nicht scheuen, wenn es sein muss selbstvergessen selbst mit Sachsen oder Mecklenburgern vorpommern, um so den österreichischen Fußball wieder nach vorne zu heiraten.

Längst wird die Ehe nicht mehr als heiliges, unantastbares Sakrament begriffen, worin sich zwei wiedergefundene, verloren gegangene Hüften, äh, Hälften erneut zu einem

Ganzen fügen, können sich doch immer weniger eine Liebesheirat leisten, müssen sich stattdessen wegen einer trivialen, aber lebensnotwendigen Aufenthaltsgenehmigung einen Ehepartner kaufen. In einer Zeit, wo es derart viele Staaten- und Heimatlose gibt, dass sie Nationen gründen und sich bei jeder Fußball-WM automatisch qualifizieren müssten, einer Zeit, wo ein Pass über die Zugehörigkeit zur Ersten oder Dritten Welt (Himmel oder Hölle) entscheidet, ist es vielen völlig undenkbar aus liebestechnischen Prämissen zu heiraten.

Und genau diese Situation kann und muss sich ein fußballerisch minderbemitteltes Österreich zunutze machen, um seine Fans aus der Hölle ewiger Laienhaftigkeit, der dauernden Litanei des „Hättiwaritäti“, zu befreien. Weshalb der Schlachtruf der Zukunft nur lauten kann: Heiraten, Heiraten, alles über den Haufen, alles Niederheiraten! Zusammenheiraten! Und seit Liese Prokop, die Ehegemäulin des Handball-Einbürgerungs-Kaisers, Innenministerin ist, bin ich überzeugt, tut man das auch. Man rüstet auf zur Eheschlacht, zum Heiratskrieg. Zum Ausgleich, um nicht am Jüngsten Tage des Sports als Großbetrüger vor das Sportweltgericht gestellt zu werden, können ja ein paar Skifahrer, Skispringer oder Eisstockschützen für Dubai, Luxemburg oder Slowenien antreten. Nicht?

Toni Polster Song

Für mich gibt es nur entweder „der Ball“
oder „ist rund“, also entweder-oder
oder voll und ganz, ich meine voll dichtvoll
oder gaga-ganz licht, aber entweder so
oder gar nicht. Und nicht: der Ball ist rund.
Du Ei!

Von Grodestruppen und Wichtnissen

Es gibt viele Formen der irdischen Hölle, aber die schlimmste ist vielleicht, bei einem Fußballspiel zu sein, aber nicht zusehen dürfen. Woran denken also diese Polizisten, die bei Fußballspielen dazu kommandiert sind, nicht das Spiel, sondern Fansektoren zu beobachten? Denken sie, eingekeilt zwischen La-Ola-Wellen, Schlachtgesängen und geahnten Spielzügen, zwischen Aschenbahn und Werbebanden, sich vor lauter Langeweile Zeitvertreibe aus wie das Siebenbürgen-Spiel, bei dem man Einwortschüttelreime finden muss, also Wörter wie Notration/Rotnation, Frauengruppe/Grauenfruppe, Würstelband/Bürstelwand, Zahnputzbecher/Bahnputzzecher, Siebenbürgen/Biegensürgen? Sehen sie, die Polizisten, sich die Panflakate, äh, Fanplakate an, auf denen freilich nicht immer so kuriose Sprüche stehen wie in Stuttgart, wo beim letzten Lampions-, äh, Champions-League-Spiel zu lesen war: „Lasst uns neben Felix Magath begraben sein.“? Achten sie, die Ordnungshüter, auf ihre Rücken, eine perfekt geschnittene Hinterkopffrisur? Ist ihnen bewusst, dass sie so, nämlich verkehrt, ins Fernsehen kommen? Spüren sie den Blick der Kamera, durch den ein tausendköpfiges Publikum in ihrem Nacken sitzt? Oder machen sie, die beruflich stehen müssen und also einen schweren Stand haben, sich versessene Gedanken übers Setzen? Vielleicht sogar darüber, dass die Gesetze des Setzens bei den Auslosungen eine ungerechte Sache sind, für die sie gar nicht einstehen wollen?

Denn wer, wenn nicht die Gesetzten und Besitzenden, profitiert von den Setzungen bei den Auslosungen zu Euro- oder Weltmeisterschaften, und wer, wenn nicht die alteingesessenen Vereine mit den größten Gesäßen und Beständen, profitiert von den gestaffelten Lostöpfen der UEFA? Wäre es nicht spannender, gerechter und welterschließender, wenn es gar keine Satzungen zur Setzung gäbe, die Gruppen aus einem einzigen Topf mit allen Bewerbern gezogen werden würden? Dann könnte sich die Schweiz vielleicht gegen Gambia, Peru, Malaysia, Mauretanien und Benin qualifizieren, während zum Beispiel Brasilien, Frankreich und England schon in der Qualifikation aufeinander treffen. Freilich, werden hier die Puritaner und Sitzungsfanatiker aufstehen und einwenden, dass das auch nur den immer Glück habenden Deutschen hilft, die Spannung auf der Strecke bleibt, die Kulmination der Endrunde schon in der Ausscheidung zersetzt wird.

Aber das stimmt nicht. Gegenwärtig hat sich eine Klassengesellschaft durchgesetzt, eine Zufallsreglementierung, die den Kleinen schon von der Auslosung her keine Chance mehr lässt, nicht einmal, wenn sie weit und lang über ihren Verhältnissen spielen. Da ist Lettland nur die Ausnahme zur Regel. Auch sind die außereuropäischen Ausscheidungen meist nur mäßig interessant, was mit der Komplettdurchmischung anders wäre.

Wenn ich mir also was wünschen darf, dann das Entsetzen der Gesetzten, die Auslosungsanarchie, den großen Topf. Ob die mit dem Rücken zum Spiel stehenden Ordnungshüter

wohl daran einmal denken? Vielleicht überlegen sie ja noch, warum das Siebenbürgen-Spiel so heißt, was Sürgen biegen soll, und ob es wirklich wünschenswert ist, ausgerechnet neben Felix Magath begraben zu sein, bei dem das Siebenbürgeln übrigens nicht annähernd so funktioniert wie bei Hitzfeld, Hölzenbein oder Schuhmacher.
Den Polizisten, die 90 Minuten und eine Pause lang den Schlachtenbummlern beim Schlachten und Bummeln zusehen müssen, wird es egal sein. Sie haben genügend Zeit, auf abseitige Gedanken zu kommen. Es gibt ja viele Formen der irdischen Hölle, aber bei einem Fußballspiel zu sein und nicht zusehen dürfen, ist eine der schlimmsten – beinahe so arg wie die Auslosung in eine Grodestruppe, äh, Todesgruppe.

Sportler sterben gesünder!

ARD-Morgenmagazin

Der Tod in Vierteln und Achteln

Träumt jedes Kind davon, einmal Weltmeister zu sein, das alles entscheidende Tor zu schießen? Ich habe oft davon geträumt. Heute bin ich 39 Jahre alt und muss mich damit abfinden, dass diese Weltmeisterschaft die letzte ist, bei der ich zumindest noch theoretisch teilnehmen hätte können. Bei allen künftigen wird nicht einmal diese Teilnahme im Geist mehr möglich sein. Ob das der Grund ist, weshalb ich seit drei Wochen immer wieder an das Sterben denke, es mich in der ärgsten Sommerhitze nicht ins Strandbad sondern auf den Friedhof treibt?

Dabei ist der Wiener Zentralfriedhof ja sehr beeindruckend, groß wie die innere Stadt. Friedhofsgärtner gibt es, eine eigene Jägerei, die dafür sorgt, dass das Niederwild nicht alle Blumen von den Gräbern und den Kränzen frisst, Bienenstöcke, von denen aber niemand weiß, was mit dem produzierten Honig eigentlich geschieht. Einen Fußballverein gibt es natürlich auch. Vielleicht reiben ja die Spieler dieses FC Zentralfriedhof ihre Blessuren mit dem Friedhofshonig ein? Neben allerlei anderen skurrilen Gestalten gibt es auch einen Alten, der das ganze Jahr einen braunen Trenchcoat über dunklem Anzug samt Krawatte trägt, Burberrys-Schlapphut, und nur damit beschäftigt ist, unbetreuten Gräbern ein Grablicht anzuzünden. Mit Säcken voller Kerzen schleppt er sich von Grab zu Grab, um jeweils die beinahe abgebrannte Kerze durch eine neue zu ersetzen. Er weiß genau, wie lang jede

Kerze brennt, wann er welches Grab aufsuchen muss. Dieser Herr der ewigen Lichter wird von niemandem bezahlt, er macht es aus Berufung und er macht es Tag für Tag für Tag, bei jeder Witterung. Nur jetzt, während der WM-Viertel- und Achtelfinali hat er gefehlt. Ob auch er sich für Fußball interessiert? Wer weiß, vielleicht erzählt er ja den Spielverlauf den Toten?
Zwar sterben in einem zweitklassigen Actionfilm durchschnittlich 150 Menschen, und auch die Nachrichtensprecher jonglieren täglich mit dutzenden von Leichen, und dennoch ist in der offiziellen Welt nichts so sehr tabuisiert wie der Tod. Man will nichts hören von einem zähen Kampf und Schmerzen, nichts von unendlichem Leid, das nicht wieder gutzumachen ist, nichts von der Verständnislosigkeit, nichts vom Entsetzen oder davon, dass es jemanden rausgerissen hat, er ausgetauscht worden ist. Und auch wenn jemand stirbt, wird er nicht mehr drei Tage lang aufgebahrt, sondern möglichst rasch verscharrt.
Der Tod wird ignoriert. Wie passt es da, dass während so einer Fußball-WM das große Sterben schon zum Frühstück kommt, sich gar am frühen Nachmittag noch einmal wiederholt und dann in Kurzfassungen den ganzen Tag bestimmt? Oder wird das Bild der Traurigkeit, das von Tränenbächen zerfurchte Gesicht der Verlierer, dem die Nationalflaggenfarbe heruntertropft, wird dieses Entsetzen ganzer Länder völlig vom Bild der Sieger zugedeckt? Denn während die einen ausgeschieden sind und tot, haben die

anderen überlebt und lassen sich feiern, bis es auch bei ihnen soweit ist. Gibt es Untersuchungen darüber, wie viele Selbstmorde und Scheidungen, aber auch Kinderzeugungen so ein Fußballspiel bewirkt?
Wenn Fußball Ersatzkrieg ist, dann heißt Ausscheiden auch Sterben, sind am Ende alle gleich. Aber vielleicht brauchen wir diese Ahnung ja, damit wir uns vorbereiten können auf das, was einmal kommt. Denn ungerechter als der Tod kann selbst der parteiischste Schiedsrichter nicht sein; nicht einmal der unglücklichste Elfmeter, nicht das größte Pech in der Verlängerung können mit ihm mithalten. Vielleicht also ist Fußball nur eine Vorbereitung auf das Sterben? Die Weltmeisterschaft ein Intensivkurs?

Glühbirnen und Muscheln sind empfindliche Wesen, brennen durch oder werden schlecht. Sogar das Image der Jakobsmuschel, früher Zeichen der Pilger, heute Symbol eines Ölkonzerns, ist durch die jüngsten Ereignisse mehr als angeknackst.
Krieg verändert alles, wirft ein neues Licht auf alle Dinge, eine allgemeine Umwertung und Neuschattierung findet statt. Im Krieg wird vieles hin, bricht manches auf, Glühbirnen erleben eine Konjunktur. Muscheln, Menschen und Sportler sind Opfer, furchtbare Wörter wie Kollateralschäden haben Saison, Garagenbesitzer, Medienmogule und Glühbirnenfabrikanten aber sind Kriegsgewinnler. Durch die Erschütterungen der Bomben nämlich, das ständige Verdunkeln-Müssen, die Spannungsschwankungen, sind Glühbirnen irrsinnigen Belastungen ausgesetzt, so dass in jedem Kriegsgebiet immer rasch ein von der Weltöffentlichkeit ignorierter Glühbirnenmangel entsteht. In Belgrad etwa hat es 1999, in der Zeit der Bombardements also, einen extra eingerichteten Schwarzmarkt für ausgebrannte Glühbirnen gegeben. Wozu? Um in Stiegenhäusern, Ämtern und an Arbeitsplätzen die noch funktionierenden Glühbirnen stehlen zu können! Neben all den seelischen und körperlichen Kriegswunden sind die verbrannten Fingerkuppen vom Glühbirnenfladern natürlich lächerlich, aber schmerzen tun sie trotzdem.
Meine Frau hat, gestützt auf das Argument der Wirt-

schaftlichkeit, schon vor Jahren damit begonnen, alle herkömmlichen Glühbirnen unserer Wohnung durch die viel weniger luxuriösen Energiesparlampen zu ersetzen. Bislang habe ich das nicht eingesehen, auf mein Recht zur Festbeleuchtung gepocht, aber seit Kriegsbeginn wird meine Kunstlichtsucht nicht länger toleriert.

Der Krieg ist omnipräsent, rückt alles andere in den Schatten, sogar den Sport. Sogar hier. Wenn es stimmt, dass Sport eine Art Krieg für Pazifisten ist, ein Kriegsersatz, dann müsste während eines Krieges das Interesse am Sport merklich zurückgehen. Ist das so? Nein!

Aber während es im Sport Meisterschaften und Tabellen gibt, ist der Grund für diesen Jetztkrieg nicht ganz einsichtig. Oder liegt Luxor im Irak? Trotz der Dauerinformation erfährt man nämlich nichts. Es ist wie mit den Energiesparlampen, die zwar brennen, aber doch nicht hell genug sind, alles auszuleuchten. Nur ein Siebtel Wahrheit ragt heraus, der Rest bleibt im Verborgenen. Vielleicht sind wir Menschen alle solche Eisberge, zeigen ebenfalls nur einen Bruchteil von uns her? Möglich, dass sogar Fußballklubs, Tennisspieler, Politiker nur ein Siebtel von sich zur Schau stellen, man von allen gesellschaftlichen Ereignissen immer nur ein zufällig obenauf schwimmendes Segment zu Gesicht bekommt.

Bei der Jakobsmuschel jedenfalls ist es so. In der schönen tellerförmigen Schale wohnt ein kleines würfeliges Tier, das mit seiner großen Kralle an eine verloren gegangene Katzenzehe oder einen abgefallenen Papageienkopf mitsamt

Schnabel erinnert. Gebraten schmeckt es (ohne Kralle) wunderbar, zum Kriegssymbol eignet es sich weniger.
Wie überhaupt man rufen möchte: „Make sport, not war!" Schon Ulamalixtli, die Vorform des heutigen Fußballs, vor 2700 Jahren von den Völkern Mittelamerikas gespielt, war eine klügere Konfliktlösung als Krieg. Die mit Knieschützern, Augenmasken und einem schweren Gürtel ausgerüsteten Spieler mussten mit Ellbogen oder Hüften einen Baumharzball durch einen Ring schießen. Das später von den Spaniern verbotene Spiel symbolisierte das kosmische Drama zwischen Göttern und Menschen, half, politische Konflikte zu lösen und förderte, glaubte man zumindest, die Fruchtbarkeit. Außerdem wurden die Sieger den Göttern geopfert, weil die Verlierer waren ja nicht gut genug. Und Glühbirnen gingen auch keine kaputt.

Sind Sie wirklich so cool? Es wirkt, als könnten Sie Eiswürfel urinieren.

Franz Buschmann zu Kurt Jara

Norway, today. Eine Reiseempfehlung ins Land der Strafraumungeheuer

Meine Knödel-Theorie, dass nämlich Tschechien darum so viele exzellente Tennisspieler hervorgebracht hat, weil es das Ursprungsland der tennisballgroßen Knödel ist, hat sich mit den diesjährigen Roland-Garros-Finali leider nicht bestätigt. Dafür, wohl um den belgischen Triumph zu komplettieren, war jüngst eine Mitteilung der Universität Lausanne zu lesen, laut der Chips und Pommes frites nun doch nicht krebserregend seien.

Knödel aber, jene runden, bisweilen gefüllten Teigbälle, die es, obwohl das Land am Knödeläquator liegt, quasi umzingelt ist von Lyoner Hechtknödel und diverser bajuwarischer Knödelspezialitäten, in der Schweiz nicht gibt; Knödel also enthalten sicher kein eventuell krebsförderndes Acrylamid – weder der Innviertler Hascheeknödel noch der Tiroler Schlutzkrapfen und Böhmische Mohnknödel wie Pannonische Marillenknödel schon gar nicht. Knödel sind ungefährlich, sogar Italien hat welche, und das Wappen der Medici lässt sich überhaupt als Huldigung auf die Knödelologie lesen – serviert es doch gleich drei davon auf dem Tablett.

Nun muss aber das geokulinarische Knödelloch, das die Schweiz, die dem Knödel nur in seiner monetären Form geneigt ist, in Mitteleuropa quasi aufreißt, irgendwo ausgeglichen werden. Und tatsächlich, nein, nicht im tennisschwangeren Benelux, sondern in Norwegen habe ich sie gefunden: Knödel, norwegische Knödel! Knödel, die das Schweizer Knödelloch aufheben. Jawohl. Zwar bedeuten diese westskandinavischen Mehlklumpen für einen von der „knödél cuisine" verwöhnten Gaumen eher eine zweifelhafte, klebrige Freude, allerdings ist Norwegen wohl insgesamt kein Land der Kulinaria. Zumindest interessant ist der karamellisierte Käse, „Brunost" (brauner Käse) oder „Geitost" (Ziegenkäse) genannt, der nach süßer, ranzig gewordener Milch schmeckt. Spannend auch die Laibchen aus gepresstem Fischmehl, die Kaviarpaste und (da kann man nicht viel falsch machen) die Meeresfrüchte – alles andere ist ohnehin unerschwinglich, was, weil man sich plötzlich nichts mehr leisten kann, ein neues, nicht uninteressantes Lebensgefühl erzeugt.

Norwegen, das einstige Armenhaus Europas, seit den Erdölfunden ein Scheichtum des Nordens, ist das drittteuerste Land der Welt und vor allem wegen seiner ungeheuren Landschaft attraktiv. Besonders die Ränder, die unzähligen, mehr an geronnenes Eiklar denn an Knödel erinnernden Fjorde sind phantastisch, mythisch, die metallenen Himmel, der Silberglanz am Meer, das Feenlicht am changierenden Firmament. Man verinnerlicht. Nicht von ungefähr haben viele norwegische Maler (Munch ist nur der bekannteste, Christian Krohg vielleicht der empfehlenswerteste) das Nichts im Zentrum ihrer Bilder, seltsame, die Ränder betonende Kompositionen – als läge einsam ein Knödel am Tellerrand.

Und überall leuchten ochsenblutrote Häuser aus dem Nebel, riecht es nach Ibsen oder Hamsun, hört man Grieg. Alkohol ist derart teuer, dass Schmuggeln selbstverständlich ist. Norwegen, ein Volk ehemaliger Walfänger und Robbenschlächter – wahrscheinlich daher auch das Ochsenblutrot –, hat sich gewandelt zu einem Eldorado der Sportverrückten. Wintersport, Trekking, Fußball. Der Langlauf wird so exzessiv betrieben, dass schon oft mitgenommene Babys am Rücken erfroren sind. Rosenborg Trondheim ist ein Champions-League-Gigant – und dabei ist der wunderschöne Ort mehr Nest denn Stadt.
Aber warum produziert der hohe Norden serienweise Weltklassestürmer? Weil er finale Entscheidungen provoziert, Selbstmörder anzieht? Liegt es an den Trolls, diesen hässlichen Steinwesen, am norwegischen Hang zum Eigenbrötlerischen, oder daran, dass die Norweger (frei nach Kathrin Röggla) die 50mal besseren Deutschen sind? Sigurd Rushfeldt von Austria Wien, Jan Sörensen oder Jan-Age Fjörtoff sind noch die unbekannteren, aber wer kennt nicht die Strafraumungeheuer John Carew (Valencia) und Ole Gunnar Solskjaer (Manchester). Und wer weiß, vielleicht sind ja sogar Jari Litmanen und Henrik Larsson heimliche Norweger?
Ob sich diese Vollstreckerqualität aus dem Kompensieren des Schweizer Knödellochs ergibt? Oder daher, weil im Sommer die Sonne nicht mehr untergeht, wie ein heller Knödel Tag und Nacht am Himmel steht, es nicht und

nicht mehr finster wird, was alle Menschen etwas überdreht? Am besten jedenfalls ist diese Sonnenknödelzeit mit einer Fjordschifffahrt zu genießen, Hurtigruten-Reisen nennt sich das, Bergen –Trömsö etwa. Der einzige Nachteil dabei ist, man teilt die Wunder der Natur mit einer Hundertschaft deutscher Knödelwölfe, äh Touristen. Aber die hat man wohl überall.

Pavel Nedved Superstar oder Böhmen im Mai

Kennen Sie die Szene, wo Sepp Maier einem Huhn nachrennt? Kommenden Mittwoch wird vielleicht Ähnliches passieren, aber ob das dann als übertriebene Arbeitsmoral durchgeht oder einfach die nackte Verzweiflung eines tragischen Helden ist, sei dahingestellt.

Die Arbeit macht den Menschen aus, bedeutet Lebenssinn, verleiht das trügerische Gefühl der Unersetzbarkeit. Um so mehr verwundert es, dass ausgerechnet am Tag der Arbeit alles ruht. Oder ist dieser 1. Mai nur das romantische Überbleibsel einer im Brodeln befindlichen, überkochenden Arbeitswelt, die sich schon bald wie ein überquellender Milchbreiberg ausgebreitet haben wird und die nicht eher eine Ruhe gibt, bis nicht ganze Kontinente zur Wirtschaftswelt verkommen sind? Schon jetzt wollen zwar alle in der Ersten Welt arbeiten, aber kaum noch leben. Marcello etwa, der Kellner aus Chile, lebt in Südamerika acht Monate von dem, was er in einer Saison in Tirol verdient. Achmed muss in Wien drei Monate Taxi fahren, um Frau und Kinder in Ägypten durchzubringen. George, der Koch aus dem Kongo, träumt ebenso von einem Alterssitz im Süden wie die meisten Mitteleuropäer, die nun bei einer „Generation-Generös" angelangt sind, die sich selbst am meisten gönnt, auch erfüllte Träume. Erfolgreiche (egal welcher Branche) haben ohnehin alle ihren Wohnsitz auf Mallorca, Madeira, Teneriffa oder sonstwo. Europa wird allmählich zu einer Scheinwelt veröden, bevölkert von Menschen, die Erfolg, Karriere, Arbeit bloß noch simulieren, um sich das Leben anderswo zu finanzieren, eine reine Montagearbeiter-Gesellschaft wird das sein.

Einer aber will arbeiten, will rennen bis er schwitzt, will Tore schießen, weiter rennen, rennen und rennen, weil das sein Liebstes ist, sein Ein-und-Alles, aber man lässt ihn nicht, zumindest nicht im Finale, schon gar nicht im „Theater der Träume", auf das er doch ein Jahr lang hingelaufen ist, für das er die Alte Dame durch die Mühlen der Haupt- und Zwischenrunden geschleppt hat, sogar durch die Tanzmeister des Weißen Balletts. Und nun muss er zusehen, ruhig sitzen muss er, wenn im Finale seine Juve gegen Milan aufläuft, weil er wegen eines unnötigen Fouls, eines sinnlosen Fouls an der für Madrid spielenden, anglistischen Version von Mannesmann (Steve MacManaman) gesperrt ist. Mann-o-Mann.

Pavel Nedved ist der tragische Held dieser Champions-League. Ausgerechnet er, der Mann mit dem Engelsgesicht, der mit Lazio Rom schon fünf Titel gewonnen hat, der teuerste tschechische Profi aller Zeiten, die Lunge der Alten Dame, dessen Hobby Laufen ist, und der sich auch auf dem Spielfeld nirgendwo positionieren lässt, weil er einfach überall hinläuft, läuft und läuft, so dass sogar sein Trainer Marcello Lippi sagt: „Ich glaube, er läuft auch, wenn er schläft." Ausgerechnet er, der einzig wirklich unersetzbare Spieler von Juventus Turin, muss im Finale

zuschauen. Ich glaube aber nicht, dass der 31jährige Pavel Nedved das kann.
Es würde mich nicht wundern, wenn er es plötzlich nicht mehr aushält, sich seiner Kleider entledigt, von der Ehrentribüne stürzt, aufs Spielfeld läuft und über den Rasen flitzt, gejagt von einer Horde Polizisten, diesen aber einfach davonrennt, sie minutenlang zum Narren hält, zwei Ehrenrunden dreht, eine für Schwejk und eine für die Engel. Gerade in England haben Flitzer ja Tradition, scheint das Nacktlaufen noch immer zu schockieren. Erst recht, wenn es ein gesperrter, engelsgleicher Spieler macht.
Oder illustriert diese Erwartung nur meinen unbeholfenen Versuch, den Namen Nedved mit Hilfe eines Tschechisch-Wörterbuchs ins Deutsche zu übersetzen, was „unwissenschaftlich", also laienhaft ergibt.

Wenn es läuft, dann läufts und läufts und läufts

Vor ein paar Tagen bin ich mitten in der Nacht aufgestanden und gelaufen, gelaufen, gelaufen. Wie ich endlich zu mir gekommen bin, war ich schon in Brünn, gut, habe ich mir gedacht, wenn du schon in Tschechien bist, kannst du gleich nach Olmütz auf einen gebackenen Quargel laufen. Ich hab dann noch einen Abstecher nach Budweis auf ein Pils gemacht, um rechtzeitig zum Internationalen Marathon in Prag zu sein.

Ich bin immer schon gerne gelaufen, nein, nicht besonders schnell, aber dafür um so länger. Natürlich tut man sich mit diesen Entfernungen nichts Gutes, das Gewicht schmilzt weg wie ein Stück Butter in der heißen Pfanne, die Gelenke schleifen sich ab, aber ich kann nicht anders, muss mich einfach freilaufen, da kannst du wieder klar denken und bekommst, wenn alles richtig läuft, ein Glücksgefühl, das wie eine Wagner-Oper ist. In Prag aber, das sag ich dir, in Prag ist es gegen mich gelaufen, hat sich was verzwickt, vielleicht war die Budweiser Kartoffelsuppe oder die Iglauer Powidl-Pofesen faul, vielleicht habe ich den Verdi nicht vertragen, jedenfalls rannten mir schon am Abend so ein Glucksen und Rumoren durch den Bauch, dass ich mir gedacht habe, da musst du aufpassen, auf was das noch hinausläuft. Natürlich hätte ich es mir denken können, hätte ich absagen und nach Hause fahren müssen, aber ich habe mir gesagt, da musst du durch, du willst doch endlich einmal einen Marathon unter drei Stunden laufen, und das Klima hier ist optimal, also beiß die Zähne zusammen. Und ich habe zusammengebissen, das kann ich dir sagen. Aber hat es was genützt?

Wir rennen also los, ich lange in Kontakt mit der Führungsgruppe, du, ich bin dem Barnabas Koech, dem späteren Sieger, fast auf die Fersen getreten, so gut war ich unterwegs, da hat mich der Äthiopier Dessalegn Birru gerempelt, zum Glück ist der nur so eine halbe Portion, aber das war nicht das Schlimmste, sondern dass das Rumoren im Bauch immer lauter und lauter geworden ist. Zwölftonmusik. Ich bin mir vorgekommen wie ein Zinshaus mit Wasserrohrbruch. Mir ist also nichts übrig geblieben, als mich ins Gebüsch zu schlagen. Mit Ach und Krach finde ich einen Strauß, äh, Strauch, scheiß mir nichts, und laufe weiter. Heiliger Schönberg. Alle paar Kilometer hat sich diese Abfolge aus Bauchflattern, Weiterrennen und Dünnpfiff nun wiederholt. Mein Allerwertester hat vielleicht gebrannt, gesungen habe ich:

> *„I fell into a burning ring of fire. I went down, down, down and the flames went higher. And it burns, burns, burns. The ring of fire. The ring of fire. I fell into a burning ring of fire. I went down, down, down and the flames went higher. And it burns, burns, burns. The ring of fire. The ring of fire ...“*

Im Pulk war ein Hobbyläufer namens Bruckner oder Brahms, den habe ich von Berlin oder London gekannt. Achtmal habe ich ihn überholt. Jedes Mal hat er mich wieder gefragt: „Wo kommst denn du schon wieder her? Haben wir uns heute nicht schon mal gesehen?“ Der hat geglaubt, er träumt. Auf der Karlsbrücke über der Moldau ist mir dann richtig schlecht geworden, habe ich zu mir selbst gesagt: „Jesusmaria, ist mir übel, du, es hilft ja alles nichts, du musst dich so wie einst Wolfgang Roman Edler von Sauschwanz in die schöne Moldau übergeben.“ Ich bin also stehen geblieben, halte mich an der Brüstung an, schaue in die junge Moldau, denke an den alten Smetana. Da kommt einer an und schreit: „Nicht springen! Um Gottes Willen, tun Sie es nicht! Tun Sie es nicht!“ Der hat geglaubt, ich will mich umbringen, reißt mich zurück, ich immer noch geschäftig. Der hat vielleicht geflucht. Heiliger Dvořák.

Irgendwie habe ich es dann doch ins Ziel geschafft, wo sie mir zu „We are the champions“ eine Medaille umgehängt und „Ligeti, Ligeti“, nein „Finish! Finish! Finish!“ gebrüllt haben. Du, die haben vielleicht geschaut, wie ich einfach weitergelaufen bin, ich habe ja noch immer einen Drang gehabt, weil wenn es läuft, dann läufts.

Am nächsten Tag ist es mir aber wieder wie dem jungen Mozart gegangen, denk ich mir, du, wann kommst du schon in diese Gegend, schaust du dir gleich die neuen EU-Mitglieder an. Bin ich also durch Polen, habe Kaliningrad umkurvt, über die litauische Nehrung nach Riga, Tallinn, weiter gen Osten. Wenn es einmal läuft, dann läufts und läufts und läufts.

Wohlstandsjünglinge! Fußballer müssen wieder lernen, dass Qualität von Qual kommt.

Berti Vogts

Machometer Mexikana oder Die Macht der Gewohnheit

Warum ich sonst selten, aber immer bei Lesungen und auch im Flugzeug Bier trinke? Weil Bier beruhigt? Schmeckt? Oder weil mir das vertraute Gotterhalts ein Gefühl von Sicherheit verleiht, mich in eine harmonische Routine versetzt, Gewohnheit Heimat ist? Wie sonst, wenn nicht mit der somnambulen Geregeltheit der Bewegungsabläufe erklären sich die kleinen, in ziemlich allen Sportarten zu beobachtenden Marotten, das Stampfen der Fußballtorhüter vor dem Abschlag, das Stöckeklatschen der Schifahrer beim Start, das Ballaufspringenlassen beim Tennis oder Schenkelklopfen der Bobfahrer? In Österreich ist diesbezüglich vor allem Andreas Goldbergers balkenesisches Brillerichten und Nasereiben populär.

Gewohnheiten geben Sicherheit, spannen ein Netz unter unsere Existenz, das schützende Gefühl, in einer Zeitkontinuität, einer unendlichen Abfolge von Aus- und Einatmen zu sein. Aber nicht alle Gepflogenheiten, vor allem wenn sie einmal durchgesetzt und Bräuche sind, muss man auch goutieren. Etwa den Stierkampf, wo zwar theoretisch der Mensch mit seinem Schatten kämpft, mit dem Instinkt, das Hirn dem Trieb entgegentritt und besiegt, man praktisch aber Hinrichtungen beiwohnt, einen jungen Stier beim blutigen Krepieren sieht.

In Mexiko, wo den Stierkämpfen (die Saison geht von

November bis April) Tausende beiwohnen, man Stunden im Stau verbringt, die Morgennachrichten im staatlichen Fernsehen von einem Clown verlesen werden, Biere wie Frauen Blonde, Braune oder Schwarze heißen, amerikanische Touristen aus Angst vor Montezumas Rache fasten, in Mexiko also, genauer in Mexiko City, gibt es auf der Piazza Garibaldi, dort wo sich wie Freier unzählige „Marachis" anbieten, Heiratssänger, den Verliebten ein „Cucurrucucu Paloma" oder „La Cucaracha" zu singen, einen angeblich seit hundert Jahren existierenden Brauch, der zum Absurdesten gehört, was ich kenne.

Zuerst denkt man, diese „Tokes, Tokes" schreienden Bauchladenverkäufer würden Zigaretten oder Schnürsenkel anbieten, dann merkt man aber Metallgriffe, die sie eisern gegeneinander schlagen und einem mit süffisanten Grinsen und allerlei Gesten schmackhaft machen. Diese mexikanischen Tandler verkaufen nämlich keine Knöpfe und auch keine Zigaretten, sondern Stromschläge. Ja, Stromschläge! Für zwei, drei Euro drücken sie einem die Metallgriffe in die Hand und jagen lächelnd 80, 90, 120 Volt durch einen durch. Wozu? Nicht einmal die Mexikaner wissen es, ein Männlichkeitsbeweis. Wahrscheinlich stammt dieser seltsame, aber bei den Mexikanern recht beliebte Brauch, dieser rückwärts, also ins eigene Fleisch gewandte Hau-den-Lukas, aus einer Zeit als man noch an die Heilkraft und potenzsteigernde Wirkung der Stromstöße glaubte. Schließlich wurden auch die Regeln des Stierkampfes in

Zeiten festgelegt, wo man von der Farbenblindheit der Stiere noch nichts wusste.
Mexiko City ist von Vulkanen flankiert, manchmal hat man das Gefühl, auch die Menschen hätten vulkanische Energie. Aber nicht alle Bräuche sind so offensichtlich unsinnig wie die „Tokes". Zu Allerheiligen etwa kocht man für die Toten, geht auf Friedhöfe und feiert. Im Oktober gibt es Knochenbrot und Zuckertotenköpfe. Der Tod ist omnipräsent, Skelette, Altäre überall. Vielleicht stammt das aus einer Zeit, in der die Azteken auf den Pyramiden ihren Opfern die Herzen aus den lebendigen Leibern schnitten, um den Sonnengott zu speisen. Einer Zeit als auch der göttliche Fußball erfunden worden ist, bei dem die Sieger, ja, die Sieger, den Göttern geopfert worden sind, weil man Göttern ja keine Verlierer kredenzen konnte. Vielleicht ist es bei uns heute nicht anders, sind auch unsere Sieger Opfer für die Götter? Vielleicht daher die freiwilligen Stromstöße? Wozu sonst? Gegen das Biertrinkenmüssen beim Fliegen und Vorlesen nützen die „Tokes" nämlich nichts.

Belindia, das Fußballerparadies

Was, wenn Amerigo Vespucci Rudi, Karli oder Heinzi geheißen hätte, hieße dann Amerika heute Rudiland, Karlsbad oder Heinzika? Und könnte es so Kriege führen? Aber nicht ganz Amerika ist martialisch. Zum Beispiel Argentinien, der südlichste Zipfel, das Land mit der Sonne in der Flagge. Seit den Unruhen im Dezember 2001 hat sich die Lage wieder stabilisiert, man wurstelt sich so durch. Belindia nennen sie ihr Land – ein kleiner Teil ist reich wie Belgien, der größere arm wie Indien.

Wie der Kompass eines Schweizer Gardisten nicht nach Norden, sondern immer auf den Papst zeigt, ist ganz Argentinien auf Europa ausgerichtet. Man fühlt sich wie auf einer abgetriebenen, verloren gegangenen Insel, wie in einer Europa-Travestie. Alle stammen von dort ab, einige gehen zurück, viele träumen nur davon.

Wenn man viel Geld hat, soll man jetzt in Argentinien investieren. So billig war es da noch nie, eine Estanzia könnte man sich kaufen, ungeheure Ländereien. Nur was macht man dann damit? Es rentiert sich nicht Früchte anzubauen, über der Viehzucht hängt immer noch das Fallbeil BSE, und wenn man Bodenschätze findet, gehören sie in Argentinien dem Staat. Vielleicht sind das auch die Gründe für den Wandel Argentiniens von einer Agrarkultur zu einer Fußballerwirtschaft. Der Kickerexport ist imposant. Alleine in den europäischen Topligen spielen wenigstens

800 Argentinier, Batistuta, Aimar, Palermo, Riquelme, Demichelis, Kily Gonzales, D'Alessandro und Veron sind nur einige davon. Kaum noch ein Verein ohne Argentinier. Und in Argentinien? Was machen die Daheimgebliebenen? Die Kinder haben Saviola-Leibchen an, in fast jedem Restaurant steht ein Fernseher, wichtige Spiele von Europa werden live gezeigt und überall, auf jedem noch so kleinen Wiesenstück spielen sie, sogar auf Verkehrsinseln siebenspuriger Straßen wird Fußball gespielt. Fußball wohin man schaut. Ein Fußballparadies.

Doch in jedem Paradies gibt es auch eine Schlange, Argentinien hat gleich mehrere davon. Die Durchmischung mit Europa ist derart vollkommen, dass man sich bald fragen wird, ob es eine eigenständige Spielkultur überhaupt noch gibt? Natürlich, alle Spieler hier sind technisch komplett, ungemein lauffreudig, diszipliniert. Doch sonst?

Die Wirtschaftskrise mitsamt der Geldsperre und der Zwangspesofizierung hat das Vertrauen in das Bankwesen zerstört. Niemand spart hier mehr, jeder gibt gleich alles aus, insofern ist Argentinien eine Art Antischweiz. Analog dazu spielt man im Fußball viel volley, in Österreich nennt man das „einmal berühren", „weiterlaufen lassen", „nur nicht behalten". Oder, andere Möglichkeit, man macht was mit dem Ball, mischt die Abwehr auf, legt ein Solo hin, einen Schlangentanz.

An jeder Straßenkreuzung Autowäscher, Jongleure, Bettler. Und in Buenos Aires hat sogar die Durchmischung eine

Entsprechung, sieht man doch allabendlich Menschen den auf die Straße gestellten, für die Müllabfuhr bestimmten Mist durchkämmen. Diese „Kartoneros“ betreiben akribische Mülltrennung, sammeln Altpapier. So sieht man nachts im Kern von Buenos Aires, auf einer Fläche mindestens so groß wie Zürich, in jeder Straße Menschen mit Einkaufswägen voll mit zusammengefalteten Schachteln, die sich zu ihren Treffpunkten schinden, dort das Altpapier in Lastwägen laden. Die „Kartoneros“ sind gut organisiert, weil aber die Busfahrt zu den Vororten, wo sie wohnen, so viel kostet, wie sie am Tag verdienen, bleiben sie meist in der Stadt, leben auf der Straße oder in Parks, ersuchen die Regierung, dass man sie zumindest gegen Tetanus impft und träumen, wenn schon nicht von einer Karriere in Europa, so doch von einem Leibchen mit der Aufschrift: Saviola.

Über die Ungerechtigkeit

In Buenos Aires, zwischen Plaza Sicilia und Hippodrom, ziemlich im Zentrum also, gibt es ein unscheinbares, durch Straßen von den großen Stadtgärten abgeschnittenes Parkstück, das sich von anderen Grünflächen dieser Art nur unterscheidet, weil es einen eigenen Aufräumer besitzt. Jeden Abend nämlich kommt ein sportlich gekleideter Mann mittleren Alters, blauweiße Ringelstutzen, eckige Brillen und seriöses Bartgesicht, um das Parkstück von Papierschnipseln, Vogelfedern und ähnlichem Unrat zu reinigen. Er zupft das Unkraut aus, sammelt Blätter, Zweige, wirft sie in den Mistkübel. Vielleicht ein Spinner, ein verkappter Miststierler oder einer, der in dieser ministrierenden Ordnungsmacherei Sinn gefunden hat? Vorgestern jedenfalls, gerade als er fertig war, sich noch einmal umdrehte, um stolz seine saubere Arbeit zu besehen, wurde wie zum Hohn aus einer vorbeifahrenden Limousine ein Papierschnitzelregen rausgeschmissen, kippte ungeniert nur ein paar Meter weiter ein anderer seinen Aschenbecher in die Wiese. Ungerecht?

Ungerecht ist auch der Sport, wenn in der Nachspielzeit dem Gegner noch ein Tor gelingt, der Schiedsrichter ein Foul nicht sieht, der Wind sich dreht, ein Streckenposten irritiert, das Material nicht hält. Gerade im Sport, der per se doch gerecht und objektiv sein will, offenbart sich die Natur, die wild und ungerecht ist. Trotz aller Videoüberwachung, Dopingkommissionen, nachträglicher Sperren bleibt immer

noch ein letzter Willkürrest – und das ist gut.
Der menschliche Geist hat die Natur stets angefeindet, fast bekriegt. Voltaire etwa hat sich im Namen der Vernunft gegen das Erdbeben in Lissabon (1755) echauffiert, wollte diesen Unfug der Natur partout nicht akzeptieren. Im Mittelalter ist es noch hübscher zugegangen, hat man nach Missernten und Plagen Prozesse nach kanonischem Recht gegen Maikäfer, Heuschrecken oder Ratten angestrengt. Von der Kirchenkanzel verkündete der Priester dann den Klageakt, ein Advocatus Diaboli wurde als Tieranwalt bestellt, ein Verteidigungstermin gelegt. Bis zu dreimal ließ man z. B. im Maikäferprozess der Diözese Chur „in Anbetracht ihres jugendlichen Alters und ihrer Kleinheit" die Vorladung ergehen, kannte dann aber mit den natürlich noch immer nicht Erschienenen kein Pardon, verhängte schweren Bannfluch. Den Maikäfern wird's wurst gewesen sein. Es sei denn, sie haben an das Besprechen mit Zaubersprüchen, das wenigstens auf argentinischen Estanzias noch immer Schnecken aus Wiesen und Würmer aus Wunden treiben soll, geglaubt.
Die Historie selbst ist eine einzige Abfolge von Ungerechtigkeiten, von der Sklaverei, den Menschenopfern, über die Inquisition, den Hexenverbrennungen, Konzentrationslagern bis zu den Terroranschlägen der Gegenwart, immer hat man sich barbarisch im Namen irgendwelcher Götter oder Rechte an Unschuldigen abgeputzt. Und hat sie wer verteidigt? Im Gegenteil: am lautesten gegen die Abschaffung

von Folter und Todesstrafe haben stets die Juristen protestiert. Weshalb also soll es im Sport gerecht zugehen? Ist Gerechtigkeit nicht bloß das Ziel, das unerreichbar bleibt? Neulich bin ich mit dem Zusammenräumer ins Gespräch gekommen, habe ich ihn gefragt: „Warum er das denn macht"? „Weil ich es schuldig bin", hat er gesagt. Oje, ein Spinner? Doch nein, bald hat sich herausgestellt, dass er während des Meisterschaftsfinales samt seinem Radio eben hier auf diesem Wiesenstück gelegen ist und leichtfertig versprochen hat, eine Saison lang für Ordnung zu sorgen, wenn nur seine Blauweißen nicht absteigen. „Aber? Die Blauweißen sind doch abgestiegen?" „Schon, aber wegen einer Fehlentscheidung. Und um zu zeigen, dass ich das nicht akzeptieren kann, sie für mich noch immer in der ersten Liga sind, erfülle ich mein Gelöbnis trotzdem." Konsequent.

Schiedsrichter zeigt gelb und sagt:
„Ich verwarne Ihnen!“
Willi „Ente“ Lippens:
„Ich danke Sie!“
Konsequenz war die Rote Karte.

Tweedys und Schiris

Hierzulande hält man sich Hunde und Katzen, um jemanden zum Neinsagen zu haben, ihn anbrüllen zu können. Aber Kanarienvögel? Diese kleinen gelben Zwitscherer-Zwutschgerln, diese Reserve-Federbälle?
Wonach sehnt sich so ein Kanarienvogel, der den ganzen Tag im Käfig hockt, sich bestenfalls mit Sitzstange, Spiegel oder Badeschale amüsiert? Auf volle Wasser- und Futternäpfe? Träumt er davon, einmal Katzen-Pausensnack zu sein? Oder dass sich wer vor den Käfig stellt, die Fäuste ballt und droht: „Na, Burli, was is, magst raufen? Du, wennst frech wirst, lernst mich kennen!"
Das Leben der Kanarienvögel ist trist, ein einziges Wohnzimmer-Alcatraz. Wen wundert es da, dass sie bestechlich sind, für ein paar Körner auch fremde Lieder trillern oder gar jemanden verpfeifen? Und wen wundert es, wenn auch die Kanarienvögel des wirklichen Lebens, die in Stutzen und schwarzen Hosen, die Meister des Verpfeifens, ja, die Schiris, käuflich sind. Ist nicht jeder käuflich? Ist nicht die Meinung eines Menschen eine inhomogene, schwammige Gelatine? Unlängst erst habe ich einen pensionierten Kondomautomaten-Aufsteller kennen gelernt, der im Alter darauf gekommen ist, dass nicht Pfeiferauchen oder Kunstpfeifen, sondern Kinder, ja, Kinder, wie er sie jahrzehntelang verhindert hat, das Wichtigste im Leben sind. Ein schöner Wendehals habe ich mir gedacht. Oder sollte er absichtlich

defekte Gummis verkauft und so die Geburtenrate gesteigert haben? Jedenfalls hat er manchmal gesagt: „Kondomautomaten sind die Lotterie für Anfänger“ und dabei hat er herzhaft gelacht. Man darf also keine voreiligen Schlüsse ziehen.

Kann es nicht auch sein, dass sogar die bestechlichen Falschpfeifer, die da als Spitze eines ballestrischen Panikorchesters langsam auftauchen, irgendwo ein Glück sind? Immerhin spielen sie das Hohelied der Unverlässlichkeit, bringen zu Gehör, dass alles unecht ist, falsch und manipuliert. Es keine Werte mehr gibt, nichts Authentisches, nur kleine gelbe Vogerl, die sich genauso wenig fangen lassen wie das Glück. Lebensmittel spielen sich mit Geschmacksverstärkern, Farbstoffen und Zusätzen, selbst künstliche Gebisse mimen Zähne, Süßstoff doubelt Zucker, gepresster und beschichteter Staub will Möbel sein. Kaum etwas ist noch echt, unverfälscht. Alle sind derart vielen Zwängen, Kostensenkungsargumenten und Angstharzen ausgesetzt, dass eine Travestie rauskommt. Warum soll es im Sport da anders sein?

Aber die Leute pfeifen darauf, sie wollen vom Hohlsein, vom Falschsein und der Manipulation nichts hören. Sie wollen an das Wahre und Echte glauben, sich wo anhalten, etwas für gerecht halten – getreu dem bei Vögeln ohnehin kaum geltenden Grundsatz: „Was liegt, das pickt.“ Daher braucht man Sündenböcke, kleine strebsame Kanarienvögel, die schwach geworden sind, der Verlockung nicht widerstehen konnten. Tweedys, die auch einmal auf alles pfiffen, berühmt sein wollten. Nun werden sie gerupft und medial verhoyzt. Wo kämen wir denn sonst auch hin, wenn sich herausstellte, dass Berti Vogts in Cordoba auf Österreich gewettet hat, ein bestechlicher Zeitnehmer Franz Klammers Siegesfahrt manipuliert hat oder Thomas Musters Paristriumph sich der Wettmafia verdankt? Reichen nicht Schummel-Schumi und das Dopinggemunkel im Radsport, müssen jetzt auch noch die Kanaris auf den Fußballplätzen die große Mogel-Polka pfeifen?

Sogar Sepp Blatter hat eingeräumt, dass Schummeln zum Spiel gehört. Aber ändert sich durch diesen Wettskandal etwas? Nein! In Österreich waren schon immer die Schiedsrichter schuld, hat man durch die TV-Kommentatoren stets vermittelt bekommen, die Unparteiischen wären schasaugert, blind, gemein und im Grunde nur daran interessiert, die jeweilige österreichische Mannschaft eklatant zu untervorteilen, was zumindest im Konjunktiv zahlreiche gestohlene Meisterschaften bedeutet. Sonst ändert der Wettskandal in Österreich nichts. Mehr Kanarienvögel zum Raufen werden vielleicht angeschafft. An Werte geglaubt hat man hierzulande ohnehin so gut wie nie – zumindest nicht ernst.

Ach Europa

Für mich ist die WM ein kontemplatives Ereignis, ein Hirnzentrifugierer, Vollwaschgang. Andere gehen Bergsteigen, durchqueren die Wüste oder überantworten sich dem Willen einer Domina; ich schaue WM, das ist meine Art der Meditation, so knacke ich mich selbst, durchdringe meine Verkrustungen, komme ich zu mir, zu meinem Kern, indem ich Spiel für Spiel mich in der Fußballlitanei verliere, in der gleichmäßigen Tristesse des Immergleichen. Fußballschauen ist für mich wie Rosenkranzbeten oder Yoga. Fußball ist etwas Buddhistisches, sogar die Zeit wird so zersetzt.

Der Vierjahresrhythmus ist auch eine weitaus bequemere Zeiteinheit als das ohnehin viel zu schnell vergehende Jahr. Wie eine WM muss man sich also fühlen, wenn man an einem Schalttag Geburtstag hat. Aber ist nicht auch ein Gutteil der Erinnerung an Weltmeisterschaften geknüpft, weiß man von einem Jahr 78 oder 82 noch etwas anderes als die WM?

2002 hat sich insofern als unerfreulich abgespeichert, als der Österreichische Rundfunk nicht alle Spiele übertrug. Man beschränkte sich auf ein Spiel am Tag und auf Zusammenfassungen, was alle Kontemplation zusammenhaute, das ganze Weltmeisterschaftserlebnis zerstörte. Und auch mein Bekanntenkreis hatte sich dreigeteilt. Die Ersten sahen die Spiele trotz Verschlüsselung im Pay-TV, weil man auch so, wie sie unverdrossen meinten, immer noch genug erkennt. Es ist halt, wie wenn es stark schneit. Die Zweiten gingen in ein Gasthaus, setzten sich schon am Vormittag den abgestandenen Ausdünstungen vergangener Nächte aus, und die Dritten mussten ohnehin arbeiten, konnten also gar nicht schauen.

Ich aber hatte eine Alternative entdeckt und bin in einen Ferienklub in die Türkei gefahren. Da wurden alle Spiele übertragen. Billig war es auch. Freilich bin ich gegen solche Ferienklubs immer gewesen, verschandeln diese Fabriken der Erholung doch alles Küstengebiet, bekommt man außer einer unechten Folkloreshow vom Land, in dem man ist, nichts, aber wirklich gar nichts mit. Man befindet sich in einer Konsumprothese inmitten eines armen, von der Globalisierung verkrüppelten Landes, dessen Bevölkerung nur auf die Bewirtschaftung dieser Touristen-Ghettos aus ist, so dass es trotz oder gerade wegen aller Hygiene irgendwie auch ekelig ist. Man wird bekocht, beputzt und animiert rund um die Uhr, als ob man sonst schon tot wäre. Aber als Schriftsteller muss man alles ausprobieren, und wenn dann zufällig noch eine WM ist, opfert man sich halt.

Es sind ja Millionen, die solcherart, isoliert von allem Einheimischen, urlauben. Und ist nicht der Zustand der WM-Spieler ganz ähnlich? Auch sie leben in gesicherten und isolierten Erholungsfestungen, bilden kleine Blasen ihrer Nation und eitern in sich selbst hinein. Vielleicht war ja dieses in Südkorea und Japan wohl stark erlebte touristische

Grundgefühl, dieses träge Leben im Niemandsland, am Schwächeln der Europäer schuld. Nicht nur, dass sich der Euro zögerlich in den Köpfen der Menschen etablierte, von einem Europagefühl noch weniger zu spüren war als heute, verloren damals auch noch Frankreich, Polen, Portugal, Kroatien gegen Mannschaften, die man früher sogar in Österreich, als man noch alle Spiele sehen konnte, „Jausengegner" nannte.

Ansonsten fehlte mir bei der letzten WM die Raffinesse, auch ein Superstar ging ab. Und 2006? Am Ende gewinnt Amerika, und George Bush nimmt den Pokal entgegen, feiert das Championat als Triumph über den Terrorismus. Dann ist auch die letzte Kontemplation kaputt.

Tratsch als Taktik

Ums Vermögen der österreichischen Nationalmannschaft ist es derzeit eher schlecht bestellt. Das Niveau liegt so tief, dass es eines Tricks bedarf, um eine europäische Spitzenmannschaft wie zum Beispiel Holland auf ein gleiches Niveau herunterzuziehen: Geschwätzigkeit. Die könnte irritieren. Tratsch und Klatsch machen sogar einen fußballerischen Überflieger wie Holland wieder gemein, holt ihn herunter in ein alpenländisches Tal.

Tratsch ist ein Grundbedürfnis, Tratsch enthüllt Geheimnisse, vermittelt eine falsche Intimität. Halbgottheiten werden ins Menschliche runtergezogen, weil man sie sonst nicht mehr erträgt. Man will hören, dass der andere genau so leidet wie man selbst. Ohne Tratsch würde man veröden. Klatsch vermittelt das Gefühl von Macht, je ärmer jemand ist, je unbedeutender, desto mehr tratscht er auch. Tratsch bildet eine Gegenwelt, ist die Waffe der Machtlosen. Im Tratsch schaut die Welt ganz anders aus, wird Saddam von den Amerikanern finanziert, denen es im Tratsch gar nicht um sein Erdöl sondern um die Wetterweltherrschaft geht. Tatsächlich sind auch Hochwasser, Wirbelstürme, Gletscherabgänge und all die anderen Klimakatastrophen Ergebnisse der amerikanischen Wettermodifikation. Im Tratsch hat die holländische Arbeitsbiene Edgar Davids gar keine Augenkrankheit, sondern trägt die Brillenungetüme nur, um seine Gegner zu irritieren. Und im Tratsch hat

Guus Hiddink als Trainer Südkoreas täglich den Preis einer Luxuskreuzfahrt verdient, während er in Australien wohl täglich eine Kängururanch bekommt.
Angeblich hat ihm eine südkoreanische Delegation einen Zettel, auf dem ein enormer Betrag gestanden sein soll, zugeschoben. Hiddink aber hat ein Spiel gespielt, hat den Zettel kurz angesehen, den Kopf geschüttelt und ist erbost davon geeilt. Wenig später hat man ihm ein zweites Mal den Zettel präsentiert, diesmal mit dem doppelten Betrag. Das hat sich ausgezahlt.
Die interessantesten Dinge, sagt ein Journalist der holländischen Fußballzeitung JOHAN (Auflage um die 50.000, Cruyff hat sich über den Namen furchtbar aufgeregt), erfährt man immer erst, wenn das Aufnahmegerät abgeschaltet ist. Zum Beispiel soll nach dem Freundschaftsspiel in Dänemark eine Madame mit ihren Mädchen im Hotel der Oranjes gewesen sein. Leider streiten alle alles ab. Im Tratsch war aber einer ganz bestimmt dabei: Patrick Kluivert. Der hat so eine körperliche Neugierde, der muss einnetzen. Wenn man ihn aber Mörder nennt, zuckt er vielleicht aus, hat er doch einen schlimmen Autounfall hinter sich.
Frank de Boer, erzählt der Reporter weiter, verbringt immer noch jeden Sommer mit seiner Familie auf einem Campingplatz. Leider spricht Dennis Bergkamp über seine Flugangst nicht. Das wäre toll, wenn so einer erzählen könnte, dass er nachts aufwacht, schweißgebadet, zittert, Angst hat. Das würde aus diesem blonden Eiszuckerl wieder einen

Menschen machen.
Jaap Stam war wegen eines Dopingvergehens drei Monate gesperrt. Clarence Seedorf, der mittlerweile in Surinam ein Stadion gebaut hat, dort etwas für die Kinder macht, hat vor ein paar Jahren als Reservist in Mailand noch gemeint, dass der Trainer blöd sei, weil er nicht sieht, dass der Di Biaggio viel schlechter sei als er. So sind sie, die holländischen Spieler, arrogant, überheblich. Da läuft keiner für den anderen. Phantastische Einzelspieler, die die Champions-League aufmischen: Roy Makaay, Ruud van Nistelrooij, Philipp Cocu, Boudewijn Zenden, aber alle sind sie selbstherrlich, bilden keine Mannschaft. Im Tratsch verdienen sie auch viel zu viel, 2 bis 3 Millionen Euro im Jahr.
Holland ist ein Fußballland, aber gewonnen hat es doch noch nichts, und im Tratsch fürchtet es sich sogar vor Österreich. Vielleicht. Irgendwann.

Keiner verliert ungern.

Michael Ballack

England ist geil! Und wir?

Ein Vorbericht aus der Qualifikation. Das Spiel endete 2:2.

– Wer, hat mich beim letzten Länderspiel meine Frau, eine gebürtige Argentinierin, gefragt, wer sind eigentlich die schwächsten Fußballmannschaften der Welt?
– Tibet, Grönland, die Osterinseln, habe ich gesagt – und dann kommen eigentlich schon wir.
– Und warum singen die im Stadion ständig: „Es soll regnen, es soll regnen"?
– Die singen: „Immer wieder, immer wieder Österreich".
– Auf Spanisch hört sich das wie „Que lluewa", „Es soll regnen", an.
Und heute regnet es also, spielt eines der eher schwächeren gegen eines der eher stärkeren Nationalteams. Und trotzdem, die Hoffnung ist ein Stehauf-Mandl, auch wenn der österreichische Standfußball seit Jahren festsitzt, im Tor auf den Schicklgruber baut und mit David Beckham gleich ein ganzer Industriezweig kommt, die Hoffnung lebt.
Jeder halbwegs erfolgreiche Sportler ist heutzutage ein Kleinunternehmen mit Steuer- und Werbeberatern, Immobilienprojekten, Beteiligungen an Restaurants, Vermarktungsagenturen. Beckham aber überflügelt alle, David Beckham ist kein beckmesserisches Kleinunternehmen, sondern eine eigene Industrie. Dieses fußballspielende Großgewerbe ist nicht der beste, aber der bestbezahlte Fußballer der Welt, Jahreseinkommen 22 Millionen Euro, Werbewert

90 Millionen, da ist es ganz egal, wie viele entscheidende Elfer er noch versemmelt. Beckham ist Ikone, Markenartikel, selbst die Körperhaltung beim Freistoß dieses geadelten „Officer of the British Empire“ ist ein eingetragenes Markenzeichen. Fehlt nur noch eine Börsennotation – aber die wird wohl auch nicht mehr lange auf sich warten lassen. Kein Wunder, dass dieser nur große Brötchen backende Großbäcker, dieser Mensch gewordene „Manchester-Liberalismus“ bei den Roten Teufeln in Old Trafford groß geworden ist. David Beckham, dessen Name auf Deutsch vielleicht „hausbacken“, „Bäckerschinken“ oder „Heimpacker“ hieße, David Beckham, der schon als 16jähriger das Autogrammschreiben und Posieren übte, ist das geworden, was er, Sohn eines Gasmonteurs, aufgewachsen in einem nördlichen Vorort Londons, immer werden wollte, Mega-Superstar; er ist nach dem Papst der zweitbekannteste Mensch der Welt, im Vergleich mit ihm sind Hermann Maier oder Niki Lauda Provinzwurzeln und Popularitätsnackerbazln.
Ohne wirklich etwas von sich preiszugeben, füllt David Beckham die Klatschspalten-Kilometer der Welt. Er ist schön, aber so schön auch wieder nicht. Er spielt gut, aber so gut auch wieder nicht – wenn ich mich recht erinnere, hatte er bei seinem letzten Auftreten in Österreich sogar gegen Roman Mählich einen derart schweren Stand, dass er sich zum Schluss nur mit einer, zwar nicht geahndeten, aber dennoch ausschlusswürdigen Attacke zu helfen wusste. Und

trotzdem, er, vielleicht bloß die gefüllte Hülle eines alten Menschentraums, ist ein Sexsymbol, was man von Roman Mählich nicht zwingend behaupten kann, und er, Beckham, ist geil.

Doch nicht nur er, die ganze englische Nationalmannschaft scheint moralisch völlig aus dem Leim zu gehen und in die „Gelbe Presse“ hineinzudrängen wie ein Dübel in die Wand, ein Team gewordener Sexskandal. Neben den Beckham-Affären gestand jüngst auch der Bursche mit dem Rustikalgesicht, Jungstar Wayne Rooney nämlich, seinen gebrochenen Mittelfußknochen nicht immer nur bei seiner Freundin, sondern gelegentlich auch bei einer Prostituierten angewärmt zu haben. Frank Lampard, Rio Ferdinand und Kieron Dyer gar hatten sich und eine junge Dame auf Zypern beim quadrophonen Sex gefilmt, Michael Owen, der andere Jungstürmer, wurde unzüchtiger Spiele in einem Hotel bezichtigt, während der ikeablonde Trainer, Sven Göran Erikson, im Stile Beckenbauers Sekretärinnen auf Tischen zimmerte und damit die Herzen der prüden Briten derart in Wallung brachte, dass ihnen die Teetässchen wie Schweizerkracher explodierten.

Gegen diese geballte Kickerlust nehmen sich die österreichischen Hand-aufs-Herzerl-Halter wie Sängerknaben-Mutanten aus. Oder kann man sich Ferdinand Feldhofer, Ernst Dospel und Emanuel Pogatetz ernsthaft in einen Sexskandal verwickelt vorstellen? Wenigstens Namen wie Glieder, Standfest und Manninger können wir den Briten stolz entgegenhalten – auch wenn sie sie nicht verstehen, Richard Löwenherz und Dürnstein können wir brüllen, sonst aber spricht vieles dafür, dass das Team um Hans Krankls rostige Flügelzange im Wiener Prater von diesen Engländern mit Haut und Haaren verputzt wird wie ein Backhendl von einem Firmling.

Also wäre es sinnvoll, sich gegen diese Beckham-Blondels alternative Strategien zu überlegen. Die Wissenschaft hat zum Beispiel eben erst die beruhigende Wirkung von Hexametern festgestellt. Aber ob sich das schon nutzen lässt, unsere Nationalspieler Klopstocks „Messias" oder Homers „Odyssee" überhaupt erlernen sollen, um sich dann durch das verhaspelnde Aufsagen nicht mehr selbst durcheinander zu bringen und zu schaden, als den Gegner damit zu anästhesieren, sei dahingestellt. Herausgefunden wurde auch, dass sich Schafe beim Anblick von Schafen beruhigen. Wenn man nun wüsste, dass dies auch für Engländer gälte, könnten die Österreicher mit weißen, vielleicht extra auf der Ranch der Triathletin Kate Allen angefertigten Schafsperücken auflaufen, durch Schafsgesichterschneiden und ständiges Mäh-Mäh-Rufen die Briten derart irritieren, dass sie dem Wolf von Unentschieden nicht mehr auskämen. Womöglich aber gerieten die unzüchtigen Engländer beim Anblick all der mähenden Schafe auch völlig aus dem Häuschen und disqualifizierten sich mit nicht mehr jugendfreien Spielaktionen selbst? Oder sie würden vor lauter Schafwolle den ihnen heiligen Rasen nicht mehr sehen, sich darob nur noch mehr echauffieren und ins ballesterische Zeugwerk legen, unsere zweibeinigen Schafe vierstellig deklassieren. Zugegeben, das klingt alles wenig erfolgsversprechend. Auch die Fraternisierung mit dem Hinweis, dass auch wir, die wir Orte wie Taxham, Wankham, Poxham, Krexham oder Schalchham haben, halbe Engländer sein müssen, wird nicht fruchten, so dass es vielleicht doch das Beste ist, einzusehen, dass eine schlechtere gegen eine bessere Mannschaft, ein burgenländischer Kühbauer gegen eine englische Industrie antritt. „Es soll regnen, es soll regen“, können wir ja dann, wenn auch die letzten Büschel Hoffnung ins Gras getreten sind, noch immer singen.

Und noch ein Beckham-Outing

Es war letzten Sommer, da haben wir uns kennen gelernt in einem Nachtklub namens Pekingente in Seoul. Er, David Beckham, war mit dem Baiser Real Madrid auf Asien-Tournee, und ich hatte mit Herrn Li, meinem Übersetzer ins Südkoreanische, zu tun, der, weil zufällig sein Schwager, ebenfalls ein Herr Li, die Realstars betreute, uns bekannt machte. Wir redeten über asiatisches Essen, SARS, die Herrn Li und Li, über Flugängste und Freistöße. Keine halbe Stunde später flüsterte mir der Flankengott ins Ohr: „Normalerweise mache ich das nicht, aber würdest du mich später in meinem Hotelzimmer besuchen?"

Zugegeben, ich war etwas baff, Steirertor, trank, um mich zu fangen, einen Schlangenschnaps, schluckte ein paar von den Tigerpenis- und Affenschwanzpillen, die mir ein anderer Herr Li für die Eventualität, dass ich etwas machen wolle, was ich normalerweise nicht mache, schon am Flughafen angedreht hatte, und eilte dann stracks wie ein von einer Flanke geschickter Mittelstürmer in den Strafraum namens Shangri-La-Hotel, wo mich David im Abseits schon erwartete. Pst, hatte er einen Finger an den Lippen, normalerweise mache er das nicht. Dann führte er mich in seine Suite, an sein Bett, und begann mich überall zu küssen und zu massieren. Gurke! Er schob seine Hand in meine Hose und mir wurde gleich bewusst, zuviel von dem pulverisierten Tiger- und Affengehänge geschluckt zu haben.

Torraub! Gelbe Karte! Trotzdem war fast alles perfekt, sehr leidenschaftlich, sinnlich, enge Manndeckung, mit sehr viel Drall und Gablereien lernten wir uns kennen, und hätte er nicht ständig Elfmeter verlangt und Foul oder Out gerufen, es wäre richtig schön gewesen.
Nachher zündeten wir uns Havannas an, dachten an den armen dicken Diego Maradona, dem es schon damals nicht besonders gut gegangen ist, und David war in Gedanken wohl auch bei seiner Frau, sagte: „Weißt du, ich liebe Victoria, aber es ist mehr wie Bruder und Schwester. Ich finde sie nicht mehr so attraktiv wie früher, sie ist so dünn." Aha, dachte ich, zu wenig abgespicet, streichelte mein Bäuchlein, zog es ein, stülpte es heraus. Doch bevor mir klar wurde, was das bedeuten konnte, rief er schon bei der Rezeption an und orderte russischen Champagner und französischen Kaviar, „weil diese Falschheit des Falschen oft schon wieder echter als echt ist". Sein Chauffeur wurde losgeschickt, um noch ein paar Gummis zu besorgen, schließlich war die Nacht noch jung, wir erst in der Halbzeitpause.
So jung war die Nacht wie die Hotelwände dünn. Plötzlich stand Becks prinzipientreuer Mannschaftskollege Ronaldo an der Tür und hat wie wild gebrüllt: „Aufhören! David! Denk an Victoria, denk an deine Kinder." Aber das war vermutlich nur ein Ablenkungsmanöver, denn parallel dazu hatten sich Roberto Carlos und Luis Figo einer Fensterputzgondel bemächtigt, mit der sie nun vor der Glasfassade der Suite auftauchten, um „My pony is over the ocean" zu intonieren.

Gleichzeitig hat sich Zinedine Zidane mit einer Flasche Sangria im Belüftungssystem des Shangri-La verkrochen und so laut meditiert, dass aus allen Lüftungsschächten sein mönchisches Om ertönte. Der Rest der Mannschaft war dabei, sich mit Reisschnaps zuzuschütten. Doch damit nicht genug, hat zu allem Überfluss auch noch Raúl meine sämtlichen Verleger informiert, die nun ebenfalls an die Tür klopften, sich präventiv um Rechte stritten und kreischten: „Nicht locker lassen, Franzobel, das wird ein Bestseller. Endlich! Die Fernsehrechte sind bereits verkauft, dann kommt der Film. Normalerweise mache ich das nicht, ein Musical."
Als ich, erschrocken von so viel Reichtum, erwachte, fand ich eine Hochglanzillustrierte neben mir, in der auf mehreren Seiten über die Beckhamschen Halloderien berichtet wurde. Scheinbar war ich darüber eingeschlafen. Das kommt davon, dachte ich und griff zum wild läutenden Telefon, wo eine Stimme hauchte: „Wenn was rauskommt, habe ich jede Menge Ärger."

Das Schnäppchen-Gefühl

Fragen Sie beim Einkaufen, ob Sie Prozente kriegen? Feilschen Sie? Fordern Sie Rabatt? Oder ist Ihnen das zu blöd? Unter Ihrer Würde? Es gibt Länder, in denen Handeln Volkssport ist, etwa den Senegal, wo jeder Tauschhandel inbrünstig mit zünftiger Feilscherei betrieben wird. Faktisch wird im westlichsten Afrika fast nichts produziert, trotzdem gibt es alles.

Auf der Insel Gorée (vor Dakar) habe ich in einem ehemaligen Sklavenhaus den vielleicht traurigsten Blick aufs Meer erlebt, den durch das so genannte „Tor ohne Wiederkehr", durch das die von ihren eigenen Häuptlingen verkauften, in muffigen Zellen zusammengepferchten Sklaven gehen mussten, bevor man sie verschifft hat. Ist Unrecht eigentlich (außer im katholischen Ablassregister) aufrechenbar? Wenn ja, zu welchem Preis?

Preise sind unheimliche Wesen, ständig wachsen sie, verändern sich und bringen Jammer in die Welt. Je mehr man sich mit ihnen auseinandersetzt, desto weniger versteht man sie. Freundet man sich an mit ihnen, werden sie gleich eingebildet und laufen zu ihrer Mutter, einer Frau von Wirtschaft, die mit Wüste, Zinsfuß droht. Bankrott. Und doch, man braucht sie. Jeder Mensch hat seinen Preis, jeder möchte teuer, unbezahlbar sein wie David Beckham – nur für Real Madrid erschwinglich. Die meisten Menschen freilich müssen sich mit Haut und Haar verkaufen und sind trotzdem nicht viel wert, ein zur Adoption verkaufter rumänischer Säugling etwa, asiatische Arbeits- oder Sexsklaven. Und auch wenn man zur Fremdenlegion geht oder sich der UNO als Zeitsoldat verkauft, bekommt man nicht sonderlich viel. Nicht einmal die Veräußerung aller Organe und Gliedmaßen bringt die 35 Millionen Beckham-Euro ein. Ist ein einzelner wirklich soviel wert?

Wirtschaftsmenschen sagen ja. Wirtschaftsmenschen haben eine Vorliebe fürs Karierte, für Karos und eckige Muster. Wirtschaftsmenschen sind Quadratfanatiker. Wollen ihre gewürfelten Anzüge, Hemden und Krawatten, ihre eckigen Frisuren und Brillen an die Tabellen und Bilanzen gemahnen? Ist das Tarnkleidung oder subtile Einschüchterung? Die Psychologie des Handelns ist ja vom einfachen „Gibst-du-mir-geb-ich-dir“ bis in die New-Economy arg komplex. Ein Kleidungsverkäufer etwa muss sich bemühen, den männlichen, immer ernüchternd wirkenden Begleiter von der potentiell Kaufrauschwilligen wegzulocken, während er bei zwei sich gegenseitig in eine Kauforgie hineinjubelnden Freundinnen am besten gar nicht in Erscheinung tritt. Ob man sich am Spielermarkt ähnlich primärer Strategien bedient? Wie die Wirtschaft auf den Umsatz ist der Fußball auf Spielerwechsel angewiesen. Zwar untergraben solche Transfers, wenn sie ehemalige Gegner in die Mannschaft spülen, jede Identität, doch vergisst man eh zu schnell – und käuflich ist auch jeder.

Noch sitzen in den Transferzeiten Spielermanager und

Vereinsvertreter an Tischen und verhandeln. Wer weiß, wie lange noch? Vielleicht gibt es auch im Fußball bald Teleshopping und Internetversteigerungen? Gibt es Fußballer bei eBay? Vermitteln solche virtuellen Feilschereien doch kurzfristig das Gefühl, ein gutes Geschäft gemacht, die Preise, diese unheimlichen Wesen, überlistet zu haben. Wenigstens so lange bis der Postbote das Ersteigerte bringt. Der Boom der Internetversteigerungen zeigt, wie sehr es auch bei uns eine Sehnsucht nach dem Volkssport Handeln gibt – auch wenn es im Web nicht ganz so inbrünstig zugeht wie in Senegal.
Auf der Heimfahrt von Gorée sind plötzlich Steine werfende Jugendliche aufgetaucht. Soziale Unruhen, Überfall, Rache für die Kolonisation, ich habe mir alles ausgemalt. Doch dann hat sich herausgestellt, dass die Bremsen des Autobusses nicht mehr funktionierten, die Steine nur den Sinn hatten, den Wagen anzuhalten, was gelang. Auch das ist Wirtschaft.

Ich glaube nicht, dass der Verein mir Steine in den Vertrag legt.

Torsten Legat

Vom Träumen der Steine

Immer habe ich mich bei Steinen wohl gefühlt, immer habe ich sie gemocht, sie sind ruhig und in sich aufgehoben, trocken wie die Mailänder Verteidigung, von katalanischen Wirbeln nicht zu irritieren. Immer habe ich Steine gerne aufgeklaubt und Geschichten, darin erzählt, gefunden. Steine sind wunderbar, mal klein, mal groß, mal rund, mal kantig, teigig oder kristallin, faserig, pelzig oder mit Lufteinschlüssen, mal monochrom, mal bunt, schwermütig, verspielt, grotesk. Steine sind phantastisch, ich sammle sie, laufe mit Begeisterung in mineralogische Kabinette, in Steinabteilungen oder ins Naturhistorische Museum, wo ich dieser Tage eine kennen gelernt habe, eine Steinliebhaberin. Doch davon später.

Auch die Erde müsste Stein heißen. Ganz zu Anfang nämlich, als noch keiner da gewesen war, irgendetwas zu benennen, wäre auch nie jemand auf die Idee gekommen, die Erde so zu heißen, wie sie heißt, weil sie erdlos war, nackt und steinig. Ist die namensgebende Erde doch nichts anderes als eine festgetretene Masse zerfallener Pflanzen und Lebewesen, eine ungeheure Leichenmasse eigentlich, eine wahnwitzige Abfolge von Generationen. Um wie viel langsamer sind da die Steine, sie vergehen nicht, zumindest nicht so schnell, leben immer noch in ihrer ersten Generation. Doch wovon träumen sie im schweren Schlaf ihrer Versteinerung? Davon, dass sie eine Jungfrau küsst und sie sich dann in einen Prinzen verwandeln? Oder von Skifahrern, die über sie brettern, denen sie den Belag aufreißen können? Vielleicht von einer Karriere als Ball bei einer Tischfußballweltmeisterschaft? Von Brunnen, Mühlen oder einer Zeit, wenn man wieder mit Steinen bauen wird? Einer Überwindung der steinlosen Architektur des 21. Jahrhunderts?

Die Steinliebhaberin jedenfalls war Schweizerin mit dem schönen Namen Heidi. Beim Reden über all die Glimmer und Steinstufen, all die Mineralien und Edelsteine, die da in mich eingesunken sind wie Heidis kantige Schönheit, ist mir im Hintergrund was hochgestiegen und hat dort beharrlich wie der berühmte Tropfen auf den Stein geklopft, dass zur Zeit, ja, eigentlich schon immer, in Europa weder die österreichischen noch die Schweizer Fußballklubs, sofern sie überhaupt noch wo vertreten sind, sonderlich herausragen, was die Leistung Basels, Thuns und des Grazer AK jetzt nicht schmälern soll, aber wirkliche Champions-League-Bestien sind weder die einen noch die anderen. Jedenfalls ist mir, wie das längst vergessene Märchen der versteinerten, weil immer in Milch badenden Sennerin, die einst von einem österreichischen Westentaschenpolitiker vorgetragene Idee der gemeinsamen Österreich-Schweiz-Liga wieder eingefallen. Wieso eigentlich nicht? Nationale Meister und UEFA-Cup-Teilnehmer könnten doch auch so ermittelt werden, die Liga insgesamt stieße auf mehr Interesse und auch die Mannschaften wären mehr

gefordert, so dass sich längerfristig wenigstens fünf, sechs Spitzenklubs etablieren könnten.
Im Augenblick spielen österreichische Klubs viermal pro Saison gegeneinander, was weder Spannung noch Überraschung birgt. Und auch die Fans könnten in so einer Liga etwas lernen, beide Länder würden nicht nur fußballerisch davon profitieren. Noch dazu wäre die Euro 08 der schönste Grund hierfür.
Doch die Strukturen sind versteinert, wenigstens in Österreich, das Funktionärswesen ist in sich selber eingeschlafen, will sich nicht bewegen, so ist auch die Diskussion um die gemeinsame Liga so schnell versickert wie ein Stein im Wasser.
Ich bin gerne unter Steinen, sie sind ruhig und in sich aufgehoben, versprechen Konstanz und Ewigkeit. Aber manchmal täte doch auch Bewegung und Veränderung nicht schlecht. Heidi übrigens hat Wien gefallen, „weil es arg so viele Steine hat.“ Fußball war ihr wurst. „Das ist ein Knochenbrechersport. Und Knochen sind der menschliche Versuch, Stein zu werden.“ Ob es daran liegt, dass man Steine manchmal auch für feste Tränen hält?

Kindheit, Kindheit, wohin bist du verschwunden?

Bei den letzten Olympischen Spielen hat mich, ich gebe es zu, der irre Ire amüsiert, der den im Marathon führenden Brasilianer einfach festgehalten und um die Goldmedaille gebracht hat. Warum, habe ich mich damals gefragt, geschieht so etwas nicht viel öfter, warum werden nicht ständig Radrennfahrer vom Velo gerissen, Langläufer an Bäume gebunden, Tennisspieler mit Spiegeln, Fußballer mit Pfiffen irritiert? Da ist es im Süden Russlands, in einem mir völlig fremden Land namens Ossetien, zu einer ungeheuerlichen, über meine bescheidene Fantasie weit hinausgehende Sportverstörung gekommen, wurde in Beslan gleich ein ganzer mit Geiseln gefüllter Turnsaal gesprengt.
Im Eindruck dieser, einen selbst beschmutzenden, irgendwie verunreinigenden Nachrichten, all dieser Nachrichtentoten und Nachrichtenschmerzen, an denen man sich im Grunde nur begeilen kann, um dann doch nicht zu reagieren, nur zu sagen: „Gott sei Dank hat es nicht uns, nicht mich erwischt." Im Eindruck dieser Nachrichten-Ungeheuerlichkeiten also, als alles fast vorbei gewesen war, man aber wie bei einer Zugabe noch von marodierender, sich rächender, ja, lynchender Bevölkerung erfuhr, entfuhr es meiner Frau, sonst das friedlichste Wesen auf der Welt, dass sie als Mutter, deren (unser) Sohn ebenfalls zur Schule geht, dass sie die Lynchjustiz hier durchaus begreifen kann.
Nun ist in diesem Turnsaal in Beslan ein provisorischer

Altar mit Kränzen, Kerzen und Photos aufgebaut, nun wird in diesem Turnsaal nie wieder jemand eine Sprossenleiter raufklettern, wird niemand mehr auf rauen Plastikmatten, die sich anfühlen wie große Radiergummis, Überschläge machen, wird kein Zirkeltraining mehr stattfinden, kein Beugen mit dem Medizinball und kein Völkerball gespielt. Niemand wird mehr mit Turnschuhgummisohlen Bremsstreifen ins versiegelte Parkett zeichnen, Turnbeutel aufhängen, übers Pferd springen und beim Seilkraxeln sich die Oberschenkelinnenseiten wund reiben. Niemand. Und schon gar niemand wird hier noch Körbe werfen, wie man überhaupt bei Basketball in ganz Ossetien an Sprengfallen wird denken müssen, jahre-, nein, jahrzehntelang.
Nun kehren auch die Opfer wieder zurück, kehren zurück in die Ruine des Turnsaals, ihr Trauma zu überwinden, den Ort des Grauens zu begreifen, den Blutplatz, in den sich zu Schulanfang, zum „Tag des Wissens", einem hohen Feiertag in Russland, ein bis dahin ganz normaler Turnsaal verwandelt hat. So hat in Beslan auch der Sport seine Unschuld wieder einmal verloren, hat sich die Betroffenheit der Welt in einem ihr bis dato unbekannten Ort gebündelt und eingebrannt – sie, die Nachrichtenwelt, wird bald weiterziehen zu den nächsten Katastrophen, Kriegen und Tragödien, neue Angst schüren.
Nun herrscht Stille in Beslan. Es ist eine andere Stille, wenn jemand stirbt und alle Töne mit sich forträgt, wenn ein Orchester Stille spielt, man Musiker und Publikum atmen

hört, eine andere Stille, wie wenn man unter Wasser ist, es einem die Ohren verschlägt, eine andere Stille, wie wenn das aus hunderten Schulanfängerkehlen gepresste Lied „Kindheit, Kindheit, wohin bist du verschwunden?“ von maskierten, mit Sprengstoff umgürteten Terroristen abgewürgt worden ist. Und es ist noch einmal eine andere Stille, wenn so viele sterben, es so viele Totenseelen gibt, die die Töne mit sich forttragen. Eine andere Stille. Aber vielleicht ist der Tod auch keine Kante, über die man plötzlich fällt, kein jähes Ausschalten von etwas, das eben noch an gewesen ist. Vielleicht sind alle Kanten rund? Alle Übergänge fließend? Als Vater verstehe ich die überschäumende Wut der Eltern und Angehörigen, die so aufgebracht, so ohne Sinn und Logik ist, dass sie einem auf Charles Lynch, Oberst und Richter im Amerikanischen Unabhängigkeitskrieg, zurückgehenden Sich-gehen-lassen nachgeben wollen, glauben, erst dann Friede zu finden, wenn sie sich gerächt, sie die Schuld an der Katastrophe ein Stück weit aufgenommen und weitergespielt haben. Mag sein, dass diese Instant-Rache den Opfern eine jahrzehntelange Psychotherapie erspart, aber trotzdem bleibt Lynchjustiz, dieser kollektive Amok, dieses Über-alle-Kanten-springen, auch wenn ein einzelner Anstifter nicht mehr auszumachen ist, mehrere gemeinsam morden, eine ungeheuerliche rohe, bestialische Barbarei, die die Beteiligten zu Abschaum macht, weh tut und die es zu verurteilen gilt und zwar absolut, auch, oder gerade, wenn man selbst nicht weiß, wie man reagieren würde, doch wer weiß das schon.

Scharfe Distanznahme, die auch von auf Mitleid und Angstmache zielenden Medien verlangt werden muss, weil man sonst irgendwann auch irre Iren, die Marathonläufer aufhalten oder Autorennen stören, lyncht, weil sonst irgendwann die Welt komplett im Arsch und voller Kanten unrund ist, eben gelyncht. Daher hat mich diese Nichtdistanz der Medien zur Lynchjustiz betroffener gemacht als alles andere, war dies das Nochschrecklichere an Beslan. Eine wieder andere Stille.
Aus dem Turnsaal wird man ein Denkmal machen, der dann Anstoß zum Heimzahlen und Heimzahlen und Heimzahlen ist, zur Rache immerfort. Was sonst?

Verzeihen lernen!

Rede eines Nachwuchsspielers über ein seltsames Aufnahmeritual

Natürlich, es gibt Menschen, die sind schlimmer dran, denen steht das Wasser bis zum Hals, und darum muss man dankbar sein, auch dann, wenn man selber keine Freunde hat, gemieden wird wie ich, verflucht. Und alles bloß, weil meine Mutter gleich zur Polizei gelaufen ist, nachdem sie gehört hatte, was Pastern ist.

Dabei gibt es das schon lange. Die älteren Spieler haben uns jüngeren von Anfang an gesagt: „Wir sind gepastert worden, also werdet ihr auch gepastert werden." Die 85er-Jahrgänge pastern die 86er, die 87er pastern die 88er und die die 89er und so weiter. Pastern ist halt Tradition. Der Trainer hat gesagt, dass auch er gepastert worden ist, sogar die Nationalspieler, alle seien sie gepastert worden. Im Prinzip, so der Trainer, gibt es keinen österreichischen Fußballprofi, der nicht gepastert worden ist. Und keinem hat es was geschadet. In Tirol ist Pastern Ehrensache und auch beim Eishockey kommt es vor. Also habe ich mir nichts dabei gedacht, meiner Mutter stolz zu erzählen, dass auch ich gepastert worden bin, dazugehöre. Ich konnte ja nicht ahnen, dass sie gleich zur Polizei rennt, ich in die Zeitung komme, zu einem Psychotherapeuten muss, man das Pastern nun sogar verbieten will. Das habe ich jetzt davon. Warum aber ein strafrechtlicher Tatbestand vorliegt, man von Nötigung und Vergewaltigung spricht, verstehe ich nicht.

Der Psychotherapeut hat von gezielter Demütigung gesprochen, von einem entarteten Brauch, um Menschen zur Unterwerfung zu zwingen, damit das Mitgefühl und das Unrechtsbewusstsein sich verschiebt. Aber das glaube ich nicht. Auch der Trainer glaubt das nicht, er hat gesagt, das ist nur so eine Vogerldoktor-Hirnwichserei. Bei einem großen Verein wie dem GAK hat schon alles seine Richtigkeit, sonst wäre er auch nicht so groß. Und ganz besonders heuer, wo der Grazer Athletiker Klub hundert Jahre alt geworden ist und sogar gegen die Stars von Real Madrid ein Freundschaftsspiel gewonnen hat. Womöglich nur, weil die nicht gepastert worden sind? Dafür hat man gleich darauf gegen Moskau eine Niederlage eingefahren und sich wieder nicht für die Champions-League qualifiziert. Wer weiß, welche Aufnahmerituale die Russen haben? Dagegen ist Pastern bestimmt lächerlich.

Gut, angenehm ist es natürlich nicht, aber geschadet hat es auch noch keinem. Passieren tut es meist am Abend. Vor der Tür steht einer Schmiere, und dann kommt jeder Neue dran. Wenn man sich wehrt, wird es nur schlimmer, dann kommt Baucherlklatschen noch dazu, mit Badeschlapfen dreschen sie dann auf einen ein. Darum wehrt sich auch fast keiner. Früher hat man nur den Hintern mit Schuhpasta oder einer brennenden Salbe eingeschmiert. Heute wird mit dem Klobesen agiert, kommt Haargel, Kopfshampoo, flüssige Seife rauf, wird einem dieses Ding dann in den Anus eingeführt. Das geht ganz schnell. Natürlich brennt es ein

paar Tage, Wochen, aber das vergeht. Hauptsache man gehört dazu. Wenn man auch in der steirischen Auswahl und im Jugendnationalteam spielt, kann es sein, dass man dreimal gepastert wird. Aber das, was diesem 14jährigen passiert ist, war Pech, weil normalerweise kommen Darmverletzungen nicht vor. Trotzdem hat es der noch gut, weil er nicht wie ich gemieden und als Petze verteufelt wird.
Gut, es gibt andere, die sind schlimmer dran, denen steht das Wasser bis zum Hals, aber dieses Mobbing, das mir jetzt passiert, ist auch nicht gerecht, würde ich mir vielleicht denken, wenn ich das 15jährige Opfer wäre, das mit seiner Anzeige einen seltsamen Brauch in österreichischen Fußballnachwuchsmannschaften publik gemacht hat: Pastern.

Man darf das Spiel doch nicht so schlecht reden, wie es wirklich war.

Olaf Thon

In Gottes Namen

Plötzlich ist aus dem Nichts, als ob es vom Himmel gefallen wäre, ein kleines Kätzchen aufgetaucht. Mit unsicheren Beinen wackelt es herum, miaut den ganzen Tag, bekämpft die Teppichfransen, die Gardinen, sogar mit den Geschirrtüchern hat es sich schon angelegt. Und nun, wo es auch die Zärtlichkeiten meines Fünfjährigen überlebt, braucht es natürlich einen Namen. Schröder, ruft begeistert meine Frau, für Eigenstiller ist mein Sohn. Doch was, wenn es eine Michaela ist?

Wie kommen Namen eigentlich zustande? Was bedeutet zum Beispiel Bush? Ich stelle mir vor, dass im 17., 18. Jahrhundert kaiserliche Kommissionen durch das Land gezogen sind, in Gemeindesälen, Wirtshäusern und Dorfkirchen Musterungen veranstaltet haben, die Familienväter nach Lust und Laune zu benamen. War einer groß, dann nannte man ihn Langer, einen Teichanleger hieß man Beckenbauer, Lichtblau den, der am helllichten Tag besoffen war. Basler den, der von dort kam, ging einer wippend oder wiegend, dann war Federer das Richtige, während Polster vielleicht einem legasthenischen Beamten zu verdanken ist, der Postler schreiben wollte. Zülle könnte von Zwille kommen, Klien von klein, während Ammann vielleicht der Euphemismus für eine fleißige Prostituierte ist, Castro bedeutet Sauschneider und Zidane kommt womöglich von *Gitan*, Zigeuner also, während Rominger den

bezeichnet, der sich dauernd auf den Papst beruft.
Aber das sind alles keine Namen für ein kleines Kätzchen, das in der Zwischenzeit übrigens, beim Versuch daraus zu trinken, ins Klo gefallen ist. Das, Schröder, geht natürlich nicht, wird es geschimpft. Auch Katzen brauchen Regeln. Bestimmungen, die für immer gültig sind: Nicht-auf-Computer-Tastaturen-Schlafen, Immer-brav-ins-Kistchen-Machen, Nicht-in-Elektrokabel-Beißen etc. Dinge, die einmal festgemacht wie ein Geländer durch das Leben gehen. Fixe Regeln, Gesetze, an denen man sich anhalten kann, die vor Stürzen ins Bodenlose bewahren, braucht ja auch der Mensch. Um so mehr irritiert es, wenn etwas, das man für unumstößlich geglaubt hat, plötzlich nicht mehr gilt, der Sieger eines Fußballspiels auf einmal drei Punkte erhält, man im Tennis eins, zwei, drei und aus zählt, im Schach das Pferd über der Dame steht.
Gut, die Dinge sind im Wandel, alles entwickelt sich und manches sogar in Richtung Sonne hin, zum Besseren. In der Formel Eins ändern sich jährlich die Statuten, auch an die neue Startreihenfolge im Weltcup hat man sich mühelos gewöhnt, das Golden Goal war kein Problem, und sei's drum, sind halt Golf, Rallye und Snowboard jetzt modern.
Meist sind es ja besonnene Verbandshonoratioren, die in einer Mischung aus Idealismus, Korrumpierbarkeit und Wirtschaftsinteresse das scheinbar ewig gültige Regelwerk abändern. Im Sport nimmt man das hin. Aber im Spiel der Weltmächte? In der großen Politik? Wenn

sich die dortigen Machthaber plötzlich wie Kuhzüchter mit Kuhzüchtermanieren aufführen, den anderen ihre Kuhzüchterregeln diktieren? Denn was anderes als eine Kuhzüchterexpansion, eine gierige Weidelandbeschaffung ist dieser geplante, zwanghaft gewollte Angriffskrieg, der die selbst bestimmten Regeln gar so unverhohlen demonstriert. Und wie soll Europa darauf reagieren? Wie ein bedingungslos seinem Verband ausgelieferter Sportler steht es da, darf die Regeländerung nicht einmal kritisieren. Mitmachen oder einen eigenen Verband gründen? Doch das geht meistens schief.

Aber was heißt Bush denn nun? Was steckt dahinter? George jedenfalls, soviel steht fest, wird das Kätzchen nicht genannt, sondern Berta, nach der Friedensaktivistin von Suttner, da kann mein Fünfjähriger Eigenstiller schreien, soviel er will.

Eigenstiller

Es muss in den frühen achtziger Jahren gewesen sein, als sich mir ein Fußballspieler dieses Namens eingeprägt hat. Erinnere ich mich recht, hat er entweder bei Wacker Innsbruck, was passend erschiene, bei Casino Salzburg oder Admira Wacker gespielt. Sein Vorname war vielleicht Hans, Hans Eigenstiller. Ungefähr zur gleichen Zeit habe ich in einem Pornoheft einen Menschen in einer seltsamen, eigenwilligen Stellung entdeckt, die ich instinktiv auch sofort mit diesem Eigenstiller-Namen belegt habe. So nämlich müsste es aussehen, wenn Eigenstiller eine Kamasutranummer wäre, nämlich eine derart verschlungene Schoß-über-Kopf-Liegeposition, wo der Betreffende seinen eigenen Schwanz in den Mund bekommt und somit tatsächlich eine Eigenstillung bewerkstelligen kann. Eigenstillung – der Alptraum aller Prostituierten, Ammen und Molkereien? Mich hat dieses Eigenstillen aber derart fasziniert, dass ich mich sofort zu einem Yoga-Kurs angemeldet habe. Aber der hat nichts gebracht, trotz jahrelanger Dehnübungen ist es mir bis heute nicht möglich, es dem Eigenstiller gleich zu tun, was entweder am zu großen Bauch, am zu kleinen Schwanz oder am Demutsdefizit liegt. Faszinierend aber ist der Eigenstiller, den ich mir auch als Bodenturnübung, Eiskunstlaufsprung oder Yoghurtname vorstellen kann, noch immer. Schade halt, dass er nicht mehr spielt.

Prinzip Hollywood

Auf den Namen kommt es an. Ich denke oft, dass das, was jemand tut, eng mit dem verknüpft ist, wie er heißt. Eben habe ich an einer Tagung über das gesicherte Grundeinkommen teilgenommen – organisiert von einem Herrn Füllsack. Auf dem Podium saßen eine Frau Knecht-Kaiser und ein Reiner Unglaub. Nicht zu reden von dem Orthopäden Spreizfuß und dem Schaffner Zwicker, vom Lehrer Brüllisau oder dem einflussreichen Theaterkritiker Stadelmeier.

Bei Formel-Eins-Rennfahrern, die sich um das gesicherte Grundeinkommen nicht scheren müssen, kann es nicht schaden, wenn sie einen Berg oder Hügel im Namen haben: Monteiro, Montoya, Damon Hill oder Berger heißen. Auch Wurz erinnert an selbst gebranntes Bergsteigerwasser, Senna ist ein typischer Almberuf und Schuhmacher der Bergschuhproduzent schlechthin. Massa meint ein Gebirgsmassiv und Sato bedeutet Gebirgszug auf Japanisch. Wie aber müssen Fußballtrainer heißen? Nützt ihnen auch der Berg? Herberger, Hickersberger, Jörg Berger; oder ist ein Mann nicht schlecht: Kliensmann, Koeman, Mancini? Nein, ich denke Fußballtrainer brauchen skurrile, ausgefallene Namen: Rehhagel, Toppmöller, Daum, Schafstall, Augenthaler, Weisweiler, Zumdick, Beckenbauer, Sparwasser, Rutemöller, Beenhakker bezeichnen allesamt Dinge, die man besser nicht im Namen haben möchte. Ob sie das motiviert?

Aber wozu? Was kann ein Trainer leisten? Ist von Hans Krankls Nachfolger wirklich zu erwarten, dass die Mannschaft nicht bloß herzhaft, sondern auch nicht mehr länger hirnlos spielt? Eine Klassemannschaft kann kontrollierte Defensive spielen, um dann auf Offensive umzuschalten. Eine Klassemannschaft beherrscht das Ziehharmonikasystem, mal spielt sie, wie der selige Ernst Happel gesagt hat, Hollywood, also auf Teufel komm heraus, um sich gleich darauf einzuigeln wie eine Schildkröte im Winter. Krankls Team kannte nur hopp oder topp, beherrschte keine kontrollierte Defensive, nur das sich Wehren mit Ösen und Reißverschluss, das Anrennen, weil eh schon alles wurst war. Eine Klassemannschaft kann ein Spiel lesen, den Gegner kontrollieren, hinhalten, seine Schwächen ausmachen und kaltblütig aufzeigen. Krankls Team konnte nur halsbrecherischen Verzweiflungsfußball, Beschaffungskriminalität am Fußballplatz.
Ja, der Trainer ist entscheidend. Gerade in einem Sport, der derart von der mentalen Stärke lebt, kommt es darauf an, dass da jemand an der Seitenlinie steht, der zumindest so tut, als würde er mehr wissen und mehr verstehen als all die anderen Mehltreter. Jemand, dem man tatsächlich glaubt, dass er eine Taktik im Ofen hat, mit der man jeden, aber wirklich jeden zum Einpacken bringen kann. Und wenn er dann noch einen langen, etwas sonderbaren Namen hat, kommen die Spieler gar nicht erst auf die Idee, ihn anders als mit „Trainer" anzureden.

Auf den Namen kommt es an. Vielleicht hat deshalb Ernst Happel vor 15 Jahren die seltsame Bezeichnung Hollywood, worunter sich kaum wer etwas vorstellen konnte, am wenigsten vielleicht er selbst, erfunden? Namen schüchtern ein. Und vielleicht sollte man es nun nicht mit Hollywood sondern mit Hollywoodschaukel probieren? Die könnte dann so aussehen, dass man die Spieler auch mit der Rückseite von Hollywood konfrontiert, mit Leuten, die unter der Armutsgrenze vegetieren, Leuten, für die eine soziale Grundsicherung eine große Hilfe wäre, um sich wieder wie ein Mensch zu fühlen, Leuten, die sich nicht einmal das Eintrittsgeld fürs Fußballstadion leisten können, solche, die von den Stronachs, Mateschitzen und Abramovichs auch gar nicht erwünscht sind, weil diese Tycoons eine saubere, heile Fußballwelt verkaufen wollen. Aber Fußball ist widerständig, lässt sich nicht so ohne weiteres vereinnahmen oder gar verkaufen. Fußball ist ein Volkssport, auf den Namen kommt es an. Mal schaukelt es in die eine und dann wieder in die andere Richtung. Und das ist gut so.

Kleiner Abgesang ans Zwei zu Null

Wie man sich als Denkmal fühlt? Ich glaube ausgedacht. Gedanken sind ja frei, aber was sie anrichten und bewirken können, ist noch ziemlich unerforscht. Der berühmte Schluckauf, mit dem man manchmal *be-dacht* wird, weil die Gedanken eines anderen sich wo hineinbohren, einen durchdringen, aufstoßen, ist ja noch harmlos, aber vielleicht können Gedanken auch Formel-Eins-Boliden bremsen, Elfmeterschützen zum Danebenschießen zwingen oder Flugzeuge zum Absturz bringen? Was, wenn die Initiatoren der gerade in Mode gekommenen Flashmobs diese Gedankenkraft entdecken? Sitzen dann Hunderte junger Menschen auf den Straßen und konzentrieren sich, so fest sie können, auf Stolpern, Rülpsen, Küssen? Oder alles zusammen?

Die österreichische Sportnation jedenfalls, von der man nur das Schlechteste denken muss, hat schon allerlei Gemeinheiten gedacht und sich daher auch ungeniert gefreut, als die Slowenin Jolanda Ceplak ihre WM-Teilnahme am 800 Meter Lauf absagen musste, es kurz so schien, als ob einer Medaille der österreichischen Steffi Graf nur noch das Maria-Mutola-Denkmal im Wege stünde. Zumindest haben wir Österreicher uns das gedacht. Aber denkste! Da war unsere gräfliche Mittelstrecklerin auch schon gedankenverloren in die am Boden ihres Hotelzimmers liegenden Scherben einer Glasflasche getreten und musste ihrer zerschnittenen Füße wegen ebenfalls die Segel fürs Finale, zu dem sie schon qualifiziert gewesen war, streichen. Und dabei war das Märchen von der strahlenden Medaillengewinnerin, die eben erst eine Tumoroperation glücklich überstanden hatte, so schön angedacht gewesen. Denkste. Und der irrsinnigen Gedanken nicht genug, als hätte es sich ein drittklassiger Drehbuchschreiber ausgedacht, wurde Stephanie Graf in Österreich auch gleich des Dopings verdächtigt, was – nein, weiter denke ich jetzt lieber nicht, sonst tritt es auch noch ein, Gedanken haben eine ungeheure Kraft.

Vor wenigen Wochen erst habe ich gedacht, dass es im Fußball kein Zwei zu Null mehr gibt, dieses klassische, ja, in seiner Entschiedenheit irgendwie auch elegante Resultat, dem ich der Legende nach mein Pseudonym verdanke. Frankreich gegen Belgien (Fran 2:0 Bel), dieses frugale und doch zugleich bestimmte Ergebnis, das man auch als Piktogramm eines Brillenträgers lesen kann, also als stilisiertes Porträt von mir, 2:0, diese Urmutter aller Fußballergebnisse, denn früher sind ja Spiele dauernd 2:0 ausgegangen, dieses 2:0 existiert nicht mehr. Die Ergebnisse der Meisterschaften haben mich bestätigt, kaum noch 2:0, die Drei-Punkte-Regel und das Golden Goal haben es gekillt.

Ein Komitee zur Förderung des 2:0 müsste man gründen, spezielle Prämien vergeben, es zum Kult erklären, zur Denkwürdigkeit. Auch die Mode- und Geschmacksdesigner

reiten momentan auf einer Retrowelle, fischen alte Hüte raus. Glockenhosen, Wicki, Slime und Piper, alte Eis- und Kracherlsorten, alles wird wieder modern. Sogar Ausgeburten von Familien werden als Osbornes Kult. Was mit der verspießten deutschen Variante, den Drews, und den österreichischen Lugners passiert, ist noch nicht abzusehen. Jedenfalls könnte man bei all dieser Vulgärnostalgie doch auch das 2:0 wieder entdecken, habe ich mir gedacht.
Und was geschah? Prompt endeten die Freundschaftsspiele mit eben diesem Resultat. Schließlich fiel mir noch das letzte WM-Finale ein, es war übrigens das einzige WM-Endspiel mit diesem Resultat. So schlimm kann es also um das 2:0 gar nicht stehen. Wenn es Ihnen also wieder einmal unterkommt, ich hoffe, Sie verdenken mir jetzt diese Eselsbrücke nicht, denken Sie an mich: Fran2:0bel, das absurde Denkmal eines selten gewordenen Resultats.

Schauen wird man ja noch dürfen

Besteht eigentlich ein Zusammenhang zwischen der modernen, alles zum Schaufenster machenden Architektur, die Großraumbüros, gläserne Schlafzimmer oder schmucklose Transparenz kreiert, und der konsequenten Selbstentblößung und -entblödung in Talkshows und Duschgel-, nein, Dschungel-Unformaten? Der Mensch hat nichts mehr, worin er sich verkriechen kann, keine Geheimnisse, keine unerforschten Winkel, nichts Gemütliches. Alles wird ans brutale Licht der Oberfläche gezerrt und mit Genuss seziert.

Die Radfahrer haben mit der Beinrasur begonnen, bei öffentlich zur Schau gestellter Scham gibt es längst keine Behaarung mehr – allenfalls den obligaten Strich, und die Medizin schickt Kameras durch alle Löcher eines Körpers. Doch damit nicht genug, kommt nun auch noch der FIFA-Präsident Joseph Blatter und fordert für den Frauenfußball engere, weiblichere Kleidung ein, wie sie im Tennis oder Volleyball längst Usus ist, und tritt damit eine Lawine an Empörung los. Sexismus! Machismus! Skandal! Frauen, heißt es, sollen durch sportliche Leistung imponieren, nicht durch ihre Kurven; Blatter weiß gar nicht, was er anrichtet.

Aber ist der Wunsch nach weiblicher Kleidung im Damenfußball wirklich gar so schlimm? Einmal abgesehen von meinem Vorurteil, dass fußballspielende Damen eigentlich nur verzweifelt dem unerfüllten Bubenwunsch ihrer Väter genügen wollen, und ich selbst mich seit Jahren darauf freue, endlich in die unverfängliche Kategorie „alter Lustmolch" hineinzuwachsen, halte ich es doch für bedenklich, wenn eine Gesellschaft nun sogar schon das Schauen sanktioniert. Ich bin ein visueller Mensch und, ich gebe es zu, ich schaue gern, ich bin auch gerne angesehen. Schauen ist ein Kompliment, keine Beleidigung. Ich verstehe die Aufgeregtheit der Fußballspielerinnen nicht. Was sollen denn die Skifahrerinnen mit ihren Ganzkörperkondomen sagen, was die Tennisspielerinnen, deren Gestöhn wie die Tonspur eines Blue Movies klingt?

In Buenos Aires sitzen Hausmeister auf den Straßen und haben eine eigene Kunst der Komplimente, so genannte „Piropos", entwickelt, die sie der vorbeidefilierenden Damenwelt nachflüstern. In Mitteleuropa aber hat man Angst vor Spannern, ja, verurteilt sogar welche, die im Freibad mal zu lange schauen. Und das in einer übersexualisierten Welt, in der einem von überall her nackte Anzüglichkeiten entgegenhängen, kaum ein Hotel noch ohne Pay-TV auskommt, das Internet vor allem Spam ausspuckt, alles, sogar Frühstücksflocken, Hundefutter und Pensionen mit Sexualität beworben wird. Doppelzüngig wie das Schild im Standesamt Tuttendörfl, ja, das gibt es, kommt mir das vor, worauf es ironielos heißt: „Das Streuen von Reis, Konfetti u.ä. ist in und vor dem Amtsgebäude strengstens untersagt."

Oder zeugt die seltsame Scham der Fußballspielerinnen von Wert und Moral, die man in dieser immer seltsamer, immer unechter werdenden Welt, die bald nur noch aus Imitaten und Geschmacksverstärkern besteht, entgegenhalten will. Vielleicht sind ja die burlesk aussehnenden Fußballerinnen die Antwort auf die Millionen Schönheitsoperierten und Halbtotgehungerten, auf die geschmacklosen Glashaustomaten, die Glutamatgerichte, das geschmacklose Tierfarmenfleisch und all die Leute, die irgendetwas machen, woran sie selbst gar nicht mehr glauben, es nur tun, um sich etwas leisten zu können, was auch nur wieder Imitat ist: Möbel aus unechtem Holz, Urlaub mit gespielten Einheimischen, Kleidung mit Pseudo-Verarbeitung. Dann will ich mir lieber die Fußballerinnen mit ihrer unpassenden Kleidung einreden lassen, da ist dann wenigstens nicht mehr drinnen als draufsteht, aber auch nicht weniger.

Wir lassen uns beide von unseren Frauen scheiden und ziehen zusammen.

Toni Polster
über sein Verhältnis zu seinem
Trainer Peter Neururer

Warum Köche besser chromosomen, Parklücken nicht zuhören können und Sisi immer noch ein Renner ist

Elisabeth, die wohl berühmteste und am meisten verkitschte Kaiserin von Österreich, war eine fanatisch Getriebene, eine Besessene, die, um ihre Energie abzugehen, ihren ganzen Hofstaat zu täglich 20 Kilometer Dauerlauf-Wanderungen gezwungen hat, immer auf der Flucht vor den ausufernden kakanischen Bartflechten ihres Franz Joseph Gatten. Wäre Sport für Frauen damals, Ende des 19. Jahrhunderts, schon üblich gewesen, sie, die Kaiserin von Österreich, hätte sich darin geübt. Wahrscheinlich hätte sie am „Ironman" Triathlon in Hawaii teilgenommen und ihn gewonnen. So aber musste sie sich aufs Reiten, auf Kricket und das schnelle Gehen beschränken. Den Wiener Wald, Korfu, Madeira, überall ist sie rum und alles niedergerannt.

Ob diese kaiserlich manische Rennerei mit der Photophobie etwas zu tun hat? Elisabeth, die Kaiserin von Österreich, hat ab ihrem 30. Lebensjahr tunlichst vermieden, photographiert zu werden. Sie wollte der Nachwelt nur als Schönheit überliefert werden. Nun mag es viele Berühmtheiten geben, die keine Photos von sich wollen, was im Paparazzi-Zeitalter kaum durchführbar erscheint, mir fällt spontan auch nur einer ein – und der war nicht sonderlich berühmt, außerdem war sein Motiv mehr Selbstschutz, denn Eitelkeit, dem dies geglückt ist: Adolf Eichmann. Auch der Schreibtischtäter des Naziregimes hat jahrelang jedes Photographiertwerden verhindert, weshalb es auch bis 1960 gedauert hat, ihn zu fassen. Adolf Eichmann und Sisi, der Technokrat der Vernichtung und die Kaiserin der Habsburger, beide Österreicher mit deutschen Wurzeln, beide Opfer ihrer Verhältnisse, eingespannt in einer ungeheuren Maschinerie, beide fanatische Geher, die letzten 15 Jahre ihres Lebens auf der Flucht, starben beide durch Gewalt und trugen beide, wie man auf den wenigen Aufnahmen, die von ihnen existieren, feststellen kann, lange Fingernägel.

Auch von mir will man immer wissen, was die langen Nägel meiner kleinen Finger bedeuten, die man schon bei Greisen in Zwickau und Mazedonien gesehen hat. Fingernägel sind die Weichtier-Überbleibsel unserer Evolution, der letzte Rest der Panzerung, an Tannensamen oder Fischschuppen erinnern sie. Manche kauen daran rum, andere lassen sie wachsen, bis sie sich aufdrehen und zu Spiralen kräuseln. Ein Performancekünstler hat seine Pilz befallenen Nägel gar zur Skulptur erklärt, ist damit aber nicht an Florence Griffith-Joyner rangekommen, deren scheinbar die ganze Stadionlänge durchwachsen wollenden Rennkrallen etwas vom görenhaften Ich-kratze-dir-die-Augen-aus androhten, um dann doch nur Generationen von modebewussten Sprinterinnen in muskulöse Kratzbäume zu verwandeln. Hexen machen Zauberei damit und im Chemieunterricht zeigt sich ihr Stinken. Aber warum werden sie lackiert? Weil das den Dreck verbirgt, der darunter lebt? In Senegal tunken die Frauen ihre Fingerspitzen in ein geheimnisvolles grünes Pulver, das später in Schwarz umschlägt, so dass die Hände irgendwie verkohlt aussehen. Ob aber auch Gewichtheberinnen oder Rallyefahrerinnen ihre Nägel anmalen? Bei den Fußballerinnen wird man es bei der nächsten Europameisterschaft sehen.

Fingernägel sind die letzten zugespitzten Reste der Geschlechterdifferenz, die sich unter dem Vorwand der Gleichberechtigung mehr und mehr zusammenschleift. Aber wohin führt eine Gleichberechtigung, die irgendwie mit Sisi, der exzentrischen Kaiserin von Österreich begonnen und im Frauenfußball einen vorläufigen Gipfelpunkt erklommen hat, wohin führt eine Gleichberechtigung, wenn emotionale Arbeit nicht mehr honoriert wird, alle gleichermaßen in die Pflicht genommen sind? Frauen müssen plötzlich auch das Weiße unter ihren Nägeln verkaufen, Karriere machen, haben keine Zeit mehr für Familie und Kinder. Eine geschlechtslose Gesellschaft kommt dabei heraus, eine Welt der Geschiedenen, der Einsamen. Natürlich ist es richtig gegen patriarchale Missachtung und Erniedrigung vorzugehen. Aber wenn Männer sich überall rasieren und karenzieren müssen, Frauen Kraftsport machen, landen wir alle irgendwann in einer bankrotten Ich-AG, die Geschlechterunterscheidung nicht mehr braucht, weil sie bloß die Karriere stört, der alles untergeordnet wird, weil wir dann alle kleine Eichmanns sind, nur dass wir statt der Juden gleich die Welt vernichten. Werden wir uns also rückentwickeln zu zwittrigen Alleinvereinen, deren Fortpflanzung auch ohne

Paarung funktioniert? Menschenwürmer? Selbsteinsamer? Nicht, dass Frauen nicht Fußball spielen, Boxen oder Lumberjacking sollen, immerhin bedeutet Gleichberechtigung gleiches Recht auf Selbstausdruck, und irgendwie sind wir wohl alle genötigt, die Träume und Sehnsüchte unserer Eltern auszuleben. Krallen zeigen! Aber wohl ist mir nicht, wenn der Frauenfußball sowohl technisch als auch taktisch dem der Männer immer näher kommt, überhaupt nichts mehr von der früheren Volksbelustigung in sich trägt, kein bisschen lachhaft ist, nichts mehr wackelt und es kein Luftsensen mehr gibt, nur Kreisvereinsniveau.
Vielleicht ist das der Sinn der langen Fingernägel auf den kleinen Fingern. Schließlich braucht es Gleichberechtigung in einem selber, wird in der Praxis die Kurve der Emanzipation immer noch beim Mistausleeren und Aufklauben der abgeknipsten Fingernägel gekratzt. Alles andere ist Vorurteil. Und Sisi? Die Kaiserin von Österreich, die ist noch immer auf der Flucht.

Sibylle und der Herr der Mücken

Es gibt welche, die meinen, dass man Mücken nicht beim Stechen stören darf. Angeblich saugen sie dann mit dem Blut auch das Verdünnungsmittel wieder raus, bleibt nichts Geschwollenes zurück. Bei mir hat das aber nie geklappt, mich hat es jedes Mal gejuckt. Deshalb glaube ich das auch nicht, es ist, wie wenn man als Ehefrau dem Mann beim Seitensprung zusieht, das geht selten gut. Schließlich legt die nicht erschlagene Mücke ja auch Eier, bringt Nachwuchs in die Welt.

Und für Ehefrauen wird das Leben auch nicht leichter. In der Gesellschaft der Schönoperierten sind die Ansprüche zu hoch, ab 38 geht es bergab, hört man bestenfalls noch ein liebevolles Was-will-die-überhaupt-denn-noch? Wie also soll man nun als reife Frau so einen Mann, so eine Lichtgestalt, einen Illuminierten der Fußballwelt, der selbst die Mücken anzieht wie Sepp Maier einst den Ball, für sich interessieren?

Charlesens Camilla scheint das irgendwie zu schaffen, aber sonst? Wie kann man einen Nationalfranz binden? Mit Autan und Spiritus? Einen, der als Legende durch die Welt flaniert, sich als Zapfsäule für Mücken in die Fußballstadien dieser Welt setzt und nebenbei auf Sekretärinnen mit Namen wie Brigitte und Sibylle fliegt, wo es schon im Namen schwirrt? Da hat es eine Heidrun leichter, Heidrun klingt nach Hummel, nach Nibelungen und Walküre. Ob

sich diese Heidrun jetzt auch mit ihm auf die Ehrentribüne setzen und sich zerstechen lassen müssen wird?
Es gibt ja Menschen, für die interessieren sich Mücken nicht. Er aber zieht sie an. Auf ihn fliegen sie. Vielleicht, weil es die Weibchen sind, die stechen, die männlichen Mücken leben ja von Pflanzensaft. Aber was nützt einem das, wenn man daneben sitzt und auch gestochen wird? Da kauft man sich ein Kleid, lässt sich die Haare tönen, weil man neben ihm bestimmt ins Fernsehen kommt, und dann wird man für die Fernsehgeilheit nur zerstochen. Dabei ist Fernsehgeilheit etwas Mückisches, man muss den Augenblick erwischen, dann schlägt man zu, sticht sich hinein ins Hirn des Zusehers, so dass er es für immer weiß: Sie ist neben ihm gesessen, hat sich auch zerstechen lassen.
Natürlich, heuer haben die Mücken vom Hochwasser profitiert, erleben auch sie eine Jahrhundertflut. Moskitonetze und Gifte sind ausverkauft. Bis zu einer Milliarde Eier legt ein einziges Insekt. Dagegen sind seine vier, fünf Kinder nichts.
Ich habe ihn ja oft gefragt, ob im Fußball gedopt wird. Er hat immer Nein gesagt. Aber das glaube ich genau so wenig wie das mit dem Mücken-in-Ruhe-stechen-lassen. Im Fußball ist ja soviel Geld im Spiel, so unvorstellbar viel Geld, dass es mich nicht wundern täte, wenn man zum Beispiel Mücken für Blutdoping dressiert. Auf ganz spezielle Geschmäcker könnte man sie lenken, zum Beispiel Brasilianer. Dann wären 2002 die Deutschen sicher Weltmeister geworden. Hätte der

Mannschaftsarzt während des Finales in Yokohama ein paar brasiliensüchtige Mückenschwärme auf das Feld geschickt, die Selecao wäre abgekratzt.
So aber hat er, der WM-Organisationschef, 100.000 Euro für die Hochwasseropfer gespendet, um sich freizukaufen, um zu zeigen, dass er von der öffentlichen Meinung nicht erschlagen wird, auch nicht, wenn er nach 12 Jahren Ehe seine Sibylle, die sich während unzähliger Spiele zerstechen lassen hat für ihn, sitzen lässt, er nun zu einer Heidrun wechselt. Blöd nur, dass der Michael Schuhmacher gleich zehn Millionen Dollar hergegeben hat. Ob der auch auf Sekretärinnen und Mücken steht? Jedenfalls war damit der kaiserliche PR-Effekt natürlich futsch, würde ich mir vielleicht denken, wenn ich Sibylle Beckenbauer wäre.

Ja gut, es gibt nur eine Möglichkeit: Sieg, Unentschieden oder Niederlage!

Franz Beckenbauer

Verhütungsmittel Sport

Warum eigentlich bitten einen Fernsehmoderatoren, wenn sie sich räuspern, husten oder verschlucken um Entschuldigung? Weil sie sich ihrer Leiblichkeit schämen, ihres Menschseins? Warum wird das Herausbrechen des Körpers aus sich selbst zumindest bei Programmansagern und Nachrichtensprechern als Manko empfunden? Weil es hinter ihre Fassade blicken lässt?

Da haben es Schriftsteller einfacher, die geben dauernd Einblicke, da gibt es nichts mehr zu entschuldigen, schon gar nicht eine Leiblichkeit. Mich hat man unlängst wie einen Musiker oder Koch gefragt, ob die Lektüre meiner Bücher zu gutem Sex anregt, die Konfrontation mit meiner manchmal schäumenden, oft kruden, grotesken Phantasie dem Ausleben der Leserneigungen zuträglich ist? Geht es bergauf oder bergab damit? Ich habe keine Ahnung. Doch wie ist das mit Sport? Fördert sein Konsum die sexuelle Frequenz oder wirkt er wie ein Antiaphrodisiakum?

Hier in Wien wohnt mir gegenüber ein älteres Ehepaar namens Klappbauch, das, zumindest macht es den Anschein, kaum aus seinem Flanellschlafmantel kommt. Mit bleierner Miene und einer Gesichtsfarbe, die den wolkenverhangenen Regentagen und den abbröckelnden Fassaden gleicht, stieren Herr und Frau Klappbauch fast ununterbrochen aus dem Fenster und rauchen. Das besondere an ihnen ist, sie wechseln sich ab. Wie bei einem Wetterhäuschen erscheint mal sein, mal ihr Köpfchen im Fenster, während im Hintergrund den ganzen Tag, die halbe Nacht, ein Fernsehbild zittert, worin praktisch immer Sport zu ahnen ist, mal das grüne Fußballfeld, mal sandfarbene Tennisplätze, blaue Schwimmbecken oder dunkelgraue Grand-Prix-Strecken. Es ist, als wären meine Nachbarn, die „Klappbäuche", in einem Rekordversuch im Dauersportsehen involviert. Sonst läuft wohl eher nichts mehr, haben sie das Land bauchunter eingeklappt, obwohl zu ahnen ist, dass beide einmal hübsch gewesen sind. Hier scheinen Sportkonsum und sexuelle Interaktion nicht mehr wirklich kompatibel.

Vielleicht besteht ja generell, frage ich mich beim Anblick dieses Visavis, eine Beziehung zwischen Sport und Geschlechtsverkehr? Ist Sport das bessere Verhütungsmittel? Die endgültigere Pille? Die Sportspirale? Wie sonst ist zu erklären, dass weltweit überall dort, wo sich Sport breit macht, augenblicklich das Bevölkerungswachstum stagniert oder nach hinten geht? Wie sonst ist es zu verstehen, dass all die Wilden und Unzivilisierten, sobald sie in das Einzugsgebiet der Sportwelt geraten, scheinbar schlagartig jedes Interesse an ihrer bisherigen Hauptbetätigung, dem Kinderkriegen, verlieren. Ist also Sport ein Geburtenratenhemmer und Lusttotschlaghammer? Drücken all die Fans mit ihren Fußballerleibchen und Schals, ihren Sammleralben und Sportdevotionalien nur aus: Wir haben keinen Sex und wir wollen auch keinen. Ist jedes Sportstudio, jeder Stadionbesuch, jeder Sportsender, ja, sogar das Lesen des Sportteils einer Zeitung letztlich nichts anderes als die sublime Zurschaustellung von: Bitte keinen Sex! Aber warum regt der an sich aufregende Sport diesbezüglich ab? Weil ein Erfolg der eigenen Leute ein solches Glücksgefühl ergibt, dass man es nicht gleich wieder im Bett aufs Spiel setzen will? Weil einem umgekehrt ein Misserfolg der eigenen Mannschaft den Mut zu allem raubt, man ohne Selbstvertrauen ist? Aber vielleicht stimmt auch alles nicht, ist mein No-more-Sex-denken beim Sport wie ein Husten oder Aufstoßen für einen Nachrichtensprecher, was durch eine Entschuldigung nur unterstrichen wird. Das unvermutete Herausbrechen der Lustbarkeit in einer ansonsten unlustigen Körperwelt? Die Klappbauchs jedenfalls stieren noch immer aus dem Fenster wie auch in die Glotze, rauchen und gleichen sich der Häuserfassade an. Kann man nur hoffen, dass wenigstens der Kasten von IKEA stammt und *Gutfick* heißt.

Ein Frühling macht noch keinen Sommer.

Klaus Toppmöller

Gewollt hab ich schon gemocht, aber gedurft ham sie mich nicht gelassen.

Lothar Matthäus

Wenn Kicker kürzer treten müssen

Frühling! Jeansjacke, Zigaretten, Taschenbücher, Brüste, Kamasutra und natürlich Fußball. Fußball? Warum sich Schriftsteller für Fußball begeistern? Weil das etwas ist, worüber man sich echauffieren darf, ohne sich gleich wirklich zu entäußern, weil man bei Fußball über etwas reden kann, auch wenn man nichts zu sagen hat? Fußball positioniert. Die Alternativen wären vielleicht Monster Trucks oder American Gladiators. Doch weshalb? So lange im Fußball so schöne Sprachblüten gedeihen wie in der Überschrift. Ich meine ja, dass es ein Duell Leverkusen gegen Liverpool auch bei der Meisterschaft im Leberknödelessen geben könnte. Sogar ein Satz wie „Sie haben mit dem Herz gespielt" ist mehrdeutig.

Vielleicht liegt es auch an den Verlegern, dass sich seit Samuel Beckett Schriftsteller für Fußball interessieren? Möglicherweise lassen die Verleger nur fußballversierte Autoren zu? Auf den Buchmessen jedenfalls wird mehr über Fußball als über Bücher gesprochen, und auch in den Verlagen und Zeitungsredaktionen greift die Verfußballisierung um sich. Und dabei war das doch einmal, zumal bei Intellektuellen, mehr als verpönt.

Natürlich sind die Medien an dieser Fußballisation nicht ganz unschuldig. Ich will auch gar nicht mit der Kirche um die Pleite kreuzen und in der Premiere-Wunde wühlen, aber ein bisschen freue ich mich schon. Früher war Fußball mehr Proleten- als Poetensport, früher hat eine TV-Live-Übertragung, sofern es sie überhaupt gegeben hat, mit dem Anstoß begonnen, heute hat Fußball allen Beigeschmack verloren, heute geht die Übertragung mindestens eine Stunde vorher und in den Umkleidekabinen los. Man wundert sich, dass die Kameras den Spielern noch nicht in die Unterhosen fahren. Und wenn Zeitungen Finanzprobleme haben, wird im Feuilleton gespart, nicht im Sport.

Bei meinen Verlegern ist die Fußballkrankheit besonders arg. Der eine flüsterte vor Jahren schon L. M. und deutete dabei auf die sich wundersam vor dem Haus vermehrenden Sportwägen und Land Rovers, die alle Lothar Matthäus gehörten, der damals als Rapid-Wien-Trainer im Tabellenkeller herumdümpelte, aber wohnungstechnisch ganz oben war, nämlich in der Dachmansarde jenes Hauses, in dem der Zsolnay-Verlag noch immer residiert. Ob ihn die aufsteigenden literarischen Lusthaus-Dämpfe beeinflussten?

Ein rühriger Kleinverleger dagegen will mir seit Jahren einen Text über den Wandel in der Spielkultur abpressen. Weil Stürmer heutzutage auch verteidigen, jeder Angriff von der Abwehr eingeleitet wird, es am Spielfeld zugeht wie am Arbeitsmarkt, Positionswechsel und Umschulungen. Es gibt, so der Kleinverleger, keine klassischen Positionen mehr – und das wäre doch einer längeren Betrachtung wert. Mir aber fallen dazu bloß die Missionarsstellung und Ewald Lienen ein.

Vor ungefähr 20 Jahren hat sich der damalige Gladbachspieler Ewald Lienen aus einer missverstandenen, aber charmanten Berufsauffassung geweigert, Autogramme zu schreiben, weil, so seine damalige Position, ja auch ein Briefträger oder Gasmann keine gäbe. Mich hat das damals sehr beeindruckt. Ich kann mich erinnern, dass man im Bericht auch einen Mitspieler gesehen hat, der inmitten einer Traube autogrammwütiger Jugendlicher fleißig unterschrieben hat: Lothar Matthäus.

Nun aber, nach all den Pleiten und Skandalen, wenn die Kirche wieder im Dorf bleibt, Kicker kürzer treten müssen, gibt es wieder Chancen für den Fußball, vielleicht werden die metallicfarbenen Luxusschlitten bald verschwinden, werden sich Verleger wieder mit Literatur beschäftigen, wird man bei L. M. wieder an etwas Unanständiges denken.

Wenn im Prater die Veilchen verwelken

Heiratsschwindler schwören viel, sind einfühlsam und kreativ, gebildet, gute Manieren, eigentlich sympathisch. Trotzdem ist Heiratsschwindler ein aussterbender, aus der Mode gekommener Beruf. Das gänserne Geschäft mit dem großen Glück der kleinen Leute, das Stopfen und Ausnehmen machen heute andere, die es in großem Stil aufziehen, ihre Glücks- und Heilsbotschaften mit derart frivoler Unverfrorenheit betreiben, wie Heiratsschwindler es nie gewagt hätten. Was aber, wenn plötzlich die Wirklichkeit selbst, die öffentliche Meinungsmache wie ein Heiratsschwindler ist? Wir in einer Heiratsschwindlerlüge leben?

Angenommen: Es gäbe Außerirdische, die sogar mit einigen Regierungen handelten, mathematische Formeln gegen Wasser tauschten, Wetterkanonen gegen Gras, volle Panini-Alben gegen Steine, würden wir es dann erfahren? Und wenn Kennedy tatsächlich von seinem Fahrer erschossen worden wäre? Die Mondlandung ein Film von Stanley Kubrik, Hitler im April 1945 aus Berlin ausgeflogen worden wäre, Elvis lebte und Bin Laden ein Geheimdienst-Dummy wäre? Würde man uns so was sagen?

Die Verfechter von Verschwörungstheorien schwören darauf, dass alle öffentliche Meinung manipuliert ist, alle Medien bewusst oder unbewusst die Wahrheit vertuschen. Daher kann man gegen Verschwörungstheorien, die jetzt boomen, auch nicht argumentieren, entweder man glaubt sie oder nicht, sie sind eine Art Gottersatz, unbeweisbar, bieten Raum für alles Unlogische, alles bloß Gefühlte, befriedigen wohl eine Gottessehnsucht, fördern aber auch das Sektiererische. Trotzdem verwundert es, wie viele Menschen so sehr an den Machiavellismus in der Politik glauben, dass sie sich selbst den CIA als Urheber des WTC-Übels ausmalen können. Wenn dem tatsächlich so wäre, wir wie alte Jungfern mit Heiratsschwindler-Lügen vergiftet werden würden, man uns zum Narren hielte, würden wir es im Gegensatz zu den beschämten Umschwärmten wohl nie oder zumindest nicht so schnell erfahren.

Auch die kleinen Betrügereien der großen Leute erfährt man meist erst sehr viel später. So heißt es etwa von Diego Armando Maradonas Napoli-Abgang jetzt, zwölf Jahre nachher, dass man bei seinen Dopingkontrollen mit Hilfe einer kleinen Pumpe, aus der sich sauberes Urin hochsaugen ließ, die Kokainsucht lange Zeit verbergen konnte. Irgendwann verplappern sich aber auch Heiratsschwindler, bricht der Schwur, fliegt alles auf. Was aber, wenn nicht der alle Sterne von der UEFA-Fahne herunter versprechende Kavalier der Betrüger ist, sondern die Braut die in sie gesetzten Erwartungen nicht erfüllt? Ist das dann ein Heiratsschwindlerschwindel?

Gegen hundert Millionen Euro hat Frank Stronach, der reiche Onkel aus Kanada, Chef eines gigantischen Autozubehörlieferers, in die Wiener Austria gepumpt,

hat komplette Mannschaften zusammengekauft, mehrmals die Trainer ausgetauscht – und was damit erreicht? Auf internationalem Parkett rutschten die Veilchen, wie man die Austrianer wegen ihrer violetten Klubfarben nennt, regelmäßig aus, verpassten ein ums andere Mal die Champions-League-Qualifikation, machten ungute Figur und mussten sich zu allem Überdruss auch noch von ihren fürs Raunzen bekannten Landsleuten spöttische Häme gefallen lassen – mit dem Grundtenor, dass es für eine eingeschworene Truppe mehr braucht als nur Geld.
Steckte auch hinter all diesen Blamagen eine Verschwörung? Polster und Prohaska im Duett? Glauben könnte man es ja. Allerdings ist mit Verschwörungstheorien schon derart viel Unfug angerichtet worden, dass es einleuchtender ist, die zusammengekauften Spieler als moderne Form des Heiratsschwindlers anzusehen. Auch Spieler schwören viel, geloben dauernd Besserung. Und die Braut namens Frank Stronach hat sich auch schon wieder aus dem Staub gemacht.

Urlaub oder Die verpasste Chance des Herrn Herbst

Ich hab immer nur getan, was man mir gesagt hat, und meist, das muss ich sagen, bin ich gut gefahren damit. Nicht wie dieser Sommer, der macht, was er will, und auf den dann alle schimpfen, aber da ist dieser Sommer selber schuld. Nicht nur wettermäßig bockt er, überhaupt. Schlimm, schlimm.
Aber auf was die Leute alles kommen! Keiner macht, was ihm gesagt wird – und nachher ist das Wetter schuld. Da gibt es zum Beispiel einen Lehrer im Burgenland, der in Mädchenklos Videokameras installiert. Jetzt verstehe ich die Tante Wetti, die immer sagt, sie ist eine Dame, und Damen gehen nicht aufs Häusl. Jetzt verstehe ich aber auch die, die sagen, Kinder gehören nicht ins Internet, in St. Pölten ist nämlich ein Priesterseminarist mitsamt seinen Kinderporno-Webdateien aufgeflogen. Vielleicht ein Pantheist? Und in Südafrika hat ein Schiedsrichter einem Trainer nicht mehr zugehört, sondern ihn erschossen. Da sage ich nur, abstoßend.
Ich habe auch ein Temperament und eine Chronologie von oben nach unten, aber trotzdem ist für mich so was nicht vorstellbar. Ich habe immer nur das gemacht, was man mir gesagt hat. So eine hinterfotzige Pubertät oder offene Rebellion ist bei mir nie ausgebrochen, außerdem hatte ich Clerasil, und wenn meine Mutter gesagt hat: „Lerne!", dann habe ich meinen Hosenboden unter den Schreibtisch geklemmt und auf den Schimmel gewartet, da hat es bei

mir nie etwas gegeben. Tischler bin ich geworden, weil man gesagt hat, das ist ein Beruf, da kannst du dich dran aufhängen.

Fünf Jahre später hat das Arbeitsamt gemeint: Geleimt! Umschulung. Aber bin ich schlecht geleimt? Überhaupt nicht. Heute bin ich wie viele Tischler Schilderer, Einrichtungshaus-Fertigmöbel schildere ich aus, schon kurios. Aber wenn man immer das macht, was einem gesagt wird, kann nichts passieren, hat auch mein Chef herausgebracht, bevor er in Konkurs gegangen ist. Wie dann das Heiraten im Reden war und plötzlich alle gesagt haben, du musst, du musst, habe ich mich nicht bitten lassen und bin in den heiligen Stand der Ehe gestiegen und habe mir gleich die Füße vertreten. Na ja, wenigstens war da wieder wer, der gesagt hat, was zu tun war.

Wie dann die Gesagt-getan-Kinder frisch auf der Welt waren, Lenzi und Zenzi, hat meine Frau gewettert, dass sie jetzt keinen sehen muss, der sie im Bikini sieht. Da hab ich mir den Urlaub mitsamt seinen Sonnenschutzfaktoren in die Haare schmieren können. Aber jetzt ist meine Frau uneitler, jetzt hat sie gesagt: „Geh, Manndi, kauf eine Handycam". Heilige vier Jahreszeiten, habe ich sofort an Burgenland gedacht, sie wird doch nichts Perverses planen? Nein, wir sind ja keine Toiletten-Pädagogen und keine Pädophilawisten, wir fliegen auf Urlaub jetzt, jawohl.

Angeblich soll ja der Chef von so einer Schnittlauchlinie gemeint haben, dass Fliegen bald schon gratis ist, weil dann

die Hotels und Leihwagenfirmen alles übernehmen. Aber vielleicht werden auch die Hotels und Mietautos nichts mehr kosten, weil das die Restaurants bezahlen, die aber auch nichts mehr verlangen, weil die Handyfirmen und so weiter – bis zum Schluss alles, alles gratis ist, nur Fotos ein Vermögen kosten. Man muss nur immer das machen, was gesagt wird, irgendwann ist alles umsonst, das ist die wahre Oben-unten-Chronologie. Also mache ich jetzt Urlaubsfilme, solange sie nicht gratis oder unerschwinglich sind.
Und warum ich ein Gesicht wie verhagelte Petersilie ziehe? Na ja, ein bisschen bereue ich den Urlaub schon. Ausgerechnet heuer nämlich hätten wir, der Trainer, Winter heißt er, hat's versprochen, ein Freundschaftsspiel gegen eine große Mannschaft, die hier Sommerlager macht. Das wäre meine Chance gewesen, nein, nicht dass man mich entdeckt, dafür bin ich schon zu alt, aber ich hätte, wie ich es mir vorgenommen habe, einen von diesen Superstars so spektakulär, so völlig kompromisslos, ganz gegen jede Höflichkeit foulen können, dass dann die ganze Welt mich kennt, weil ich habe auch ein Temperament in mir, aber nein, ich muss wie immer tun, was man mir sagt, und ausgerechnet jetzt auf Urlaub sein. Selber schuld? Ich? Nein, der Sommer!

Das Rapid-Wurstbrot. Ein Traum

Normalerweise merke ich mir Träume nicht, normalerweise sind sie auch ein Blödsinn, gestern aber hat mich ein Traum gepackt, gestern war ein Traum recht krass. Es ging um einen Fuß, den Fuß von einer hübschen Frau. Schöne Fesseln, auch die Waden und lackierten Zehennägel haben mir gefallen, aber wie ich mich noch über die Blasen und Hühneraugen wundere, fällt mir an der Sohle eine klaffende, mit grauem Haar umsäumte Wunde auf. Grünes Blut kommt da hervor, und ich höre mich noch sagen, dass man das mit Extrawurst und Senf verbinden muss. Da bin ich aufgewacht, schweißgebadet, denn dieser Traum-Fuß, das wusste ich, wie man nur in Träumen etwas weiß, ist Rapid, jawohl Rapid, der Fußballklub.

Nun bin ich Rapidanhänger seit über 30 Jahren, und wenn Sie wissen wollen, worauf ich mehr stolz bin, auf die großen, mich betreffenden Artikel in der Frankfurter Allgemeinen, der Süddeutschen, Zeit oder über die letztjährige Homestory im Rapidmagazin, werde ich wankelmütig, denn welcher Schriftsteller hat schon eine Würdigung in einem Fußballmagazin? Meist entscheidet sich im Knabenalter nach irrationalen, eher widersinnigen Gründen (Trikotfarbe, Tabellenplatzierung, Lieblingsspieler), zu welchem Verein man hält. Eine Entscheidung fürs Leben – oder, je nach Glaube, noch darüber hinaus? Denn man kann vieles wechseln, die politische Einstellung, die Religion, den

Geschmack, den Ehepartner, aber den Verein? Niemals! Und bei mir ist es nun einmal Rapid. Hätte es schlimmer kommen können? Voest Linz oder Vorwärts Steyr? Eisenstadt? Sportklub? Vienna? Wacker Innsbruck? Mödling? Die halbe Liga hat sich zwischenzeitlich aufgelöst. Nicht Rapid.

Rapid ist eine Heilige, viel mehr als nur ein Fußballklub, Rapid, heißt es, ist Religion, die sich ihre Anhänger wohl sogar im Pass eintragen würden. Man pilgert nach Sankt Hanappi, kauft grün-weiße Devotionalien, singt Hier-regiert-der-SCR-Choräle, durchlebt Höllen und feiert in der Rapidviertelstunde Ostern und Pfingsten gleichzeitig. Die Heiligen und Nothelfer heißen: „Funke" Feurer, Konsel, Kienast, Sintschenko, Krankl, Schöttl, „Bum Bum" Hristic, Panenka, Keglevits, Garger, Leo Lainer, Willfurth, Pregesbauer und und und. Rapid ist nichts Edles, keine Schokolade von einem Pariser Chocolatier, sondern ein fetter Haselnussaufstrich. Rapid ist deftig, vielleicht sogar vulgär. Aber sind nicht die Vulgärsten immer die Empfindsamsten – wie auch umgekehrt? Rapid hat keinen reichen Onkel aus Amerika, Rapid ist nicht das Zubehör im Zuber von einem Zubehörlieferanten, Rapid heißt nicht Magna, Liebherr, Superfund oder wie sonst ein Großkonzern und genau das macht sie sympathisch.

Wäre Rapid ein Impressionist, dann ein heftiges leuchtendes Schmieren wie Van Gogh, während die Austria den stieren Narrenkastl-Blick Manets verkörpert, der GAK die

sichere Strichführung Toulouse-Lautrecs, Sturm die bunte, aber flach gemalte Sehnsucht Paul Gaugins. Salzburg wäre Degas und Mattersburg wie Kokoschka. Cezanne und Monet kämen in der österreichischen Bundesliga gar nicht vor.
Wäre Rapid ein Essen, dann ein Wurstbrot, und als Tier ein Hund, ein Urlaub in Lignano; Fatima als Wallfahrtsort. Rapid ist wunderbar.
Freilich ist mein Enthusiasmus heute nur noch schwach. Vor 20 Jahren habe ich noch einen Zusammenhang zwischen positiven Schularbeiten und gewonnenen Rapidspielen gesehen. Zum Glück war Rapid damals recht gut, sonst hätte ich es nie zur Matura gebracht. Meine intensivsten Erlebnisse – das massive Interesse an Fußball entspringt ja einer kollektiven Sehnsucht nach Geschichte – meine intensivsten Erlebnisse also waren die Achtung-Achtung-Schreie aus dem Radio, die kurzen Momente höchster Spannung, bis heraußen war, auf welcher Seite nun das Tor gefallen ist. Die Weinhofer-Flasche im Spiel gegen Celtic Glasgow, das in ein 5:0 umgestülpte 0:3 gegen Dynamo Dresden, das sind die Legenden meiner Fangeschichte, da habe auch ich so laut „Hier regiert der SCR“ in meinem Kinderzimmer gegrölt, bis ich grün geworden bin.
Und heute? Wenn Rapid heute das Derby und morgen das Double gewinnt, dann freut mich das zwar, aber nicht viel mehr als der Traum mit der Sohlenwunde samt dem grauen Haar. Vielleicht werde ich mir ein Wurstbrot

richten. Vor einem Jahr, beim Gespräch mit dem Rapidmagazin, hat mir der Interviewer ein aktuelles Mannschaftsphoto vorgelegt und mich gefragt, wie viele Spieler ich kenne. Mehr als die Hälfte war es nicht. Immer noch gut im Vergleich zu manchem Sponsor, der oft nicht einmal fünf zusammenbringt, aber fragen Sie einmal den Mateschitz, wie viele Salzburger er kennt …

Samstagabend

Als ob ich was verloren hätte da
In den Tomatenkisten und Bananenschachteln
In den Straßen und Bars und Friseurgeschäften
Den Zwiebelkisten, Waschsalons, Gemüseläden,
In den Whiskygläsern, Kinofilmen, Räuschen,
Ist alles, alles, was ich so, so ganz verzweifelz
Verteifelz, verzweifelz, verfluckt noch einmal
Noch immer verzweifelt suche Dich, du,
Allmächtiger, Allgütiger, du Absoluter, du,
Dich brauche ich so unbedingt, nicht
Leben kann ich ohne dich,
Du Fußballspielergebnis.

Warum die Bayern so unsympathisch sind?

Am Postsportplatz in Wien Hernals sind dieser Tage vier offensichtlich schwer angeheiterte Männer an der Begrenzungsstange gehangen, jeder eine Bierflasche in der Hand, und haben den auf einer Art motorisiertem Rollstuhl sitzenden Platzwart beim Rasenmähen zugesehen. Sie haben ihn angefeuert, als wäre er ein sich selbst überholender, überraschend in der Formel Eins im Spitzenfeld gelandeter Christian Klien: „Gemma! Gib Gas, Schurl! Jetzt überholt dich keiner mehr. Zeig was d‘ kannst.“ Fasziniert von diesem grotesken Bild, in dem die Wirklichkeit Beckett spielte, habe ich etwas beim Anfeuern zugesehen und mitgehört. Das Quartett tangierte Außerirdische in Mexiko, den Irak, gekrönte Häupter, Köpfungen von LKW-Fahrern und fragwürdig gewordene Nicknames, die bergabgehende österreichische Innenpolitik und endete stets und immer wieder in dem erleichterten Seufzer, dass, so schlecht und ungerecht die Welt auch immer sei, zumindest (wie schon Real und die Austria) die Bayern in diesem Jahr nicht Meister geworden sind. Ja, solche Jahre gab's einmal. Nur wann?

Egal. Warum sind die Bayern eigentlich so unbeliebt, ein derartiger Hassverein, dass man sie sogar auf österreichischen Krautackern satt hat? Wie ist es möglich, dass Spieler oder Trainer, die einem eigentlich immer sympathisch waren, praktisch von heute auf morgen, nämlich mit ihrem Wechsel vom Klub XY zum FC Bayern München, als ekelhafte, arrogante, geldgierige Fieslinge erscheinen? Spielern wie Mehmet Scholl, Hasan Salihamidzic, Michael Ballack, Roque Santa Cruz, ja, sogar Oliver Kahn sind ja ihre bayrischen Bayern-Gesichter auch erst in München gewachsen. Selbst Andreas Herzog, Ciriaco Sforza oder Otto Rehhagel waren während ihrer Kurzgastspiele im Olympiastadion plötzlich bärbeißige Unsympathler. Es scheint, als würde da eine ungeheuerliche, zumindest temporär wirkende „Barbayrisierung" stattfinden, die auf bis dato unbeleckte Fußballer oder Trainer die ganze schleimige Ahnengalerie bayrischer Hochmütigkeitsfirnis leckt: Stefan Effenberg, Lothar Matthäus, Paul Breitner usw. Und allen wachsen bayrische Bayern-Gesicher.

Nun ist die Sympathie ein launiges und fragiles Elfenwesen, das sich schnell davon macht, wenn ihr was nicht passt, aber dass sie es bei den „Mir-san-mir-san-mir-san-mir-Bayern" so gar nicht aushält, sollte die Verantwortlichen an der Säbener Straße doch nachdenklich stimmen. Denn alleine mit Neid und Minderwertigkeitsgefühl ist diese Antipathie ja nicht zu erklären. Oder kann es sein, dass am Trainingsplatz auch Hochnäsigkeit, arrogantes Auftreten, Schnäuzgesichtziehen und Star-heraushängen-lassen geübt werden? Streut der Mannschaftskoch pulverisierte Miese ins Essen? Sollte das ewige „Zieht-den-Bayern-die-Lederhosen-aus" sogar die Hartgesottensten weichgeklopft haben?

Jedenfalls hat der Bayernvorstand, der ja nicht dumm ist, nur unsympathisch, das Problem erkannt und Gegenmaßnahmen ergriffen. Ganz der Regel folgend, wonach minus und minus wieder plus ergibt, werden nur unsympathische Spieler und Trainer gekauft, die so viel Eigennegativausstrahlung mitbringen, dass ihre Unsympathiewerte alle schon vorhandenen übertreffen, schon ihre bloße Anwesenheit ausreicht, das an sich schon über alle Maßen unsympathische Restensemble zumindest für einen Moment zu überbieten und so in ungewohnt günstigem Licht dastehen zu lassen. Nur derart ist es zu begreifen, dass man Felix Magath holte, der übrigens noch nie so sympathisch unsympathisch war wie bei den Bayern.

Wahrscheinlich haben selbst die Scouts des FC Hollywood die Aufgabe, weniger nach Talenten, mehr nach Unsympathlern Ausschau zu halten. Oder sollten sie genau das schon seit Jahrzehnten und mit ziemlichem Erfolg getan haben?

Ja, so ist das mit den Lederhosen, wenn sie herunten sind, wird einem auch noch in den FC getreten. Oder, um es nobler auszudrücken: Was man hasst, das liebt man. Schaun mer mal. Die vier Besoffenen am Postsportplatz in Wien Hernals jedenfalls haben ihnen viel zu danken, wie auch umgekehrt, denn was sie die Bayern (und Austrianer) hassen, müssen andere sie wieder lieben. So ist das mit der Zuneigung, reichlich kompliziert.

Eine Straßenbahn hat mehr Anhänger als Uerdingen.

Max Merkel

Arme rote Teufel im Advent

Als Kind war ich ein Weihnachtsfanatiker, bin ich wie ein Trichter zur Mündung das ganze Jahr hindurch nur auf dieses eine Datum hingeeilt, bis es regelmäßig am Heiligen Abend mit dem Auspacken des letzten Geschenks zum großen Wunschdelete gekommen ist. Alles von vorn, wieder ein Jahr warten.

Heute ist Weihnachten komplizierter, nicht nur der Stress beim Einkaufen, der laut meiner Frau für Männer genau so groß ist wie bei Kriegspiloten, wenn sie einen Bombenangriff fliegen, auch das Reisen, die Unsumme der Bewegten, macht die besinnliche Zeit zu einem besinnungslosen Gewurrl. Alle wollen Weihnachten daheim sein, also reisen sie. Aber nicht alle reisen gern. Christbäume zum Beispiel. Alleine in Österreich werden jährlich zwei Millionen Nadelbäume abgeholzt. Spätestens im Januar bezeugen sie als braune, trostlose Gerippe die Unbarmherzigkeit der Zeit. Wenigstens Weihnachten haben sie erlebt. Weihnachten, das in seinen Geschichten immer noch von märchenhaften, unerwarteten Bescherungen lebt, vom Glück der Armen, vom Alles-wird-noch-einmal-gut.

Aber in Rom gibt es keine Armen, zumindest keine italienischen. Die Berufsbettler sind Zigeuner, angeblich von der rumänischen Mafia kontrolliert, arbeiten für zwei Euro am Tag, wohnen zu zehnt in einem Zimmer. Die Rosenverkäufer sind Inder, Chinesen haben den Bauchladenhandel

mit Feuerzeugen über, während die, die mit Polaroidkameras durch Lokale gehen, um Verliebte zu photographieren, alle aus Bangladesh kommen. Schwarze preisen falsche Louis-Vuitton-Taschen an, andere Chinesen sitzen auf Pappschachtel-Schreibtischen, fertigen kunstvolle Schriftbilder an. Alle diese Menschen werden von irgendwelchen Organisationen kontrolliert. Niemand schert sich viel um sie. Wenn sie nicht spuren, werden sie umgebracht, die Zeitungen berichten dann von Mafiakonflikten, das tangiert am wenigsten, geht niemanden was an. Ähnliche Verhältnisse herrschen im Frauen- und Drogenhandel, wohl auch in manchen Chinarestaurants. Arbeitssklaven überall, nicht nur in Rom. Nur, wir nehmen sie nicht wahr, weigern uns, wollen nichts dagegen tun können.
Verglichen mit den Lebensbedingungen dieser Leute nehmen sich die viereinhalb Millionen Mark, die der 1. FC Kaiserslautern lediglich für die Persönlichkeitsrechte des Verteidigers Taribo West bezahlt haben will, geradezu astronomisch aus. Die Spanne dessen, was ein Menschenleben wert sein kann, ist enorm. Mich hat aber diese West-Schlagzeile, mit der Kaiserslautern 2002 einen weiteren Schritt in jenen Sumpf hinein gestiegen ist, der den Verein schon seit längerem umspült, doppelt getroffen. Habe ich der Mannschaft mit dem seltsamen, an Schmarren und Rechtsbelehrung erinnernden Namen, doch immer Sympathien geschenkt, wenigstens seit die schwedische Achse mit Ronnie Hellström und Benny Wendt die

Mannschaft trug. Vereint mit Hans-Peter Briegel, der sogenannten Walz aus der Pfalz, und dem Trainer Kalli Feldkamp war dieser pfälzische Klub für mich immer so etwas wie der fußballmannschaftgewordene Dreißigjährige Krieg, ein ballestrischer Saumagen, Blutgrätschen-Verein. Und über 30 Jahre hänge ich dem FCK nun auch schon an, habe alle Siege und Grausamkeiten miterlebt: zwei Meisterschaften, einen Pokalsieg, einen Abstieg, einen Aufstieg. Und wenn ich hier einen Passus meines Briefes an das Christkind zitieren darf, dann den, in dem ich darum bitte, dass es die roten Teufel vom Betzenberg auch nächstes Jahr zu Nikolaus noch gibt, am besten als Tabellenführer. Weihnachten lebt von solchen Märchen. Aber meinetwegen können Kaiserslautern und all meine anderen Vereine auch absteigen, wenn sich dafür jemand um die Arbeitssklaven kümmert, sie aus ihrer Rechtlosigkeit befreit. Wenn aber im Jahr darauf ein paar Klubs wieder aufsteigen, bin ich auch keinem böse.

Das Jesuskind von Aracoeli

Glauben Sie an Voodoozauber? Dem Kannibalen von Rotenburg, der Begriffe wie Festmahl und Weihnachtsschmaus wohl ziemlich ungenießbar gemacht hat, werden Verbindungen zu einer Hexe nachgesagt, deren rituelle Ferntötungen von einem deutschen Gericht zwar als wahnhaft aber ungefährlich eingestuft worden sind.
Macht man es sich damit nicht zu leicht? Man muss ja nicht gleich von Voodoo reden, um zu erkennen, dass man häufig aufschreckt, zuckt, bloß weil man angesehen wird, selbst dann, wenn man den Beobachter gar nicht sehen kann. Man fühlt den fremden Blick, erschrickt. Oder die Sache, dass man an einen alten, ewig nicht mehr gesehenen Schulfreund denkt, der, o Wunder, noch am selben Tag um eine Ecke biegt.
Ob man Blicke auch merkt, wenn sie durch ein Fernrohr oder über Satelliten kommen? Ich glaube schon an eine Kraft der Blicke und Gedanken, die dann auch den Vorteil von Fußballheimspielen ausmacht, die so genannte Stimmung. Wenn sich Tausende Fans auf etwas konzentrieren, muss das wirken. Freilich hat man keine Ahnung wie, wer weiß, wie viele Eigentore so bereits geschossen worden sind – aus fehlgeleiteter Gedankenkraft. Vielleicht aber können konzentrierte Fans Skispringer zu Rekorden tragen oder Formel-Eins-Boliden bremsen? Ja, vielleicht ließen sich selbst Flugzeuge, wenn genügend Menschen stark genug daran

dächten, ins Wackeln bringen? Die Kraft der Gedanken wird womöglich unterschätzt.

Gerade im Sport wird viel projiziert, schickt doch jeder Fan seinem Star die besten Wünsche und Gebete hinterher, damit er, stellvertretend für ihn selbst, gewinnt, während man den Konkurrenten Durchfall, Eiterauswurf und die Krätze wünscht.

In Rom gibt es in der Kardinalstitelkirche „Der Heiligen Maria von Aracoeli" ein Jesuskind, das angeblich im 15. Jahrhundert von einem Franziskaner aus Olivenholz geschnitzt, von Engelshand fertig gestellt und nur durch diverse Wunder in die Ewige Stadt gekommen ist. Heute wird es von Gläubigen aus aller Welt angebetet, sie knien davor, werfen sich zu Boden, flehen zum Altar, worin das Kindlein steht. Nähert man sich der Vitrine, fallen einem zuerst die vielen Briefe auf: aus Spanien, Uruguay, Südafrika, Litauen, Australien, etc., dann sieht man, dass das feiste Kindsgesicht mit dem verzweifelten, etwas hochgezogenen Mund, dass dieses Kind im goldenen Wickeltuch auch bloß eine Puppe ist. Eine goldene Krone zwar, feine Seidenschühchen auch, aber eben doch nur ein Puppe. Ist das nicht sonderbar, eine Puppe anzubeten? Ist das nicht auch Voodoo?

Vielleicht, aber wahrscheinlich halten ohnehin nur Puppen dieses Übermaß an Verehrung und Anbetung aus? Verpuppen sich nicht auch, weil sie ihr Dasein sonst nicht mehr ertragen würden, alle Stars – in jeder Branche? Michael Jackson etwa mit seinen vielen Doppelgängern oder die

Mitglieder der Königsfamilien leben derart unwirklich und wie in einer Puppenwelt, dass wohl kaum noch jemand sagen kann, ob es sie wirklich gibt – und wie. Auch in Ronaldo, aus den brasilianischen Fabelas stammend, muss, wenn er verlangt, zur Weltfußballer-des-Jahres-Gala in einem Hubschrauber geflogen zu werden, etwas verholzt sein.
Mag sein, dass Menschen, die durch ihre schmetterlingshafte Eleganz bezaubern, den Kokon zum Selbstschutz brauchen, weil sie sonst die vielen Blicke und Gedanken nicht ertragen könnten. Wir aber, die wir nicht ganz soviel angesehen und angedacht werden, sollten mit unseren Verpuppungen brechen, das Fest der Geburt auch als solches begehen, und uns bewusst machen, dass man immer an sich selbst arbeiten muss, um nicht zu erstarren, nicht zu verpuppen, nicht zu viele Bosheiten zu denken. Frohes Auspacken. Fröhliches Schenken.

Die wirklich unwirkliche Weihnachtsgeschichte

Jetzt bin ich auch heuer wieder nicht Weltfußballer des Jahres geworden, nicht einmal zu Österreichs Fußballer des Jahres hat es gelangt, ja, nicht einmal zum adorierten Hobbyfußballer, Tischfußballer oder wenigstens Zuseher. Dafür bin ich überfallen worden und habe es dabei auch noch fertig gebracht, vielleicht als erstes Überfallopfer überhaupt, etwas zu verdienen, nämlich so:

Ein nasskalter, nebeliger Morgen war's, mir gingen der depressiv gewordene Bayernstar Sebastian Deisler und der 32jährig in einer psychiatrischen Anstalt verstorbene spanische Radprofi José Maria Jiménez durch den Kopf, der sich vor kurzem noch mit Ullrich und Armstrong matchte, dessen Tod meiner Zeitung aber nur eine winzige Meldung wert gewesen war. In Gedanken tanzte neben Gerd Müller auch der ehemalige Münchner Löwe Beppo Hofeditz in diesem Ringelreiher der Gescheiterten, der heute, wie ein Porträt anlässlich seines Fünfzigsten verriet, Ausputzer in einer Kesselreinigungsfirma ist. Da, als würde all das Elend noch ein weiteres anziehen, kam ein kleiner schnauzbärtiger Mensch mit vor sich hingehaltener Münze auf mich zu: „Wechseln, wechseln. Bitte". Wie ein zu klein geratener Saddam Hussein sah der Kerl aus. Die Beobachtung eines Lehrers stieß mir auf, der anmerkte, dass Schüler zusehends sadistisch mit Doppel-D, also „saddistisch" wie „Saddam" und „Saddan", schrieben. Ich, davon unbeeindruckt, nahm mein Portmariechen, öffnete das Münztäschchen, kramte nach Wechselgeld. Da beugte sich das zu klein geratene Diktatorendouble-Doppel-D auch schon über mein Geldbörsel, ließ sein Zwei-Euro-Stück in mein Münzfutteral fallen, murmelte „Gib Kleines, gib Kleines“ und zog dabei mit der verdeckten anderen Hand grüne und blaue Scheine aus den Falten meiner Brieftasche. Derart ungeschickt, dass ich es merken musste.

– „Gib mir mein Geld zurück“: habe ich gebrüllt. Sofort! Das Hussein-Double-Doppel-D, dem ich im Ernstfall körperlich weit überlegen gewesen wäre, zuckte mit den Achseln, fluchte und gab mir anstandslos Hunderter und Zwanziger zurück, die ich zum Geschenkseinkauf eben erst behoben hatte, dann verschwand es schnell. Auf seine zwei Euro hatte es vergessen, ich übrigens auch.

– „Man müsste Sie anzeigen“: rief ich ihm hinterher. Eine Brieftasche ist der intimste Teil eines Menschen, in Zeiten wie diesen intimer als das Geschlechtsorgan, intimer als alle Organe, die Brieftasche ist die Scham der Gegenwart, und wenn fremde Finger darin wühlen, fühlt man sich beschmutzt, ja, vergewaltigt fast – erst recht, wenn es die Doppel-D-Finger eines kleinen Diktatorendoubles sind. Da nützt es auch nichts, dass der originale Saddam längst gefasst ist, sondderbarerweise in etwa mit der Summe an US-Ddollar, die auf seine Ergreifung ausgesetzt gewesen war.

Sobald der Zorn verflogen, das Bestohlenheitsgefühl abgeschüttelt war, setzte sich in mir aber das Mitleid durch.

Vielleicht hat dieser arme, schlecht gekleiddete Mensch, der sogar als D-Dieb gescheitert ist, sich ja nur von Weihnachten und seinen Kindern zu so einer Gaunerei hinreißen lassen? Vielleicht liegt ihm eines seiner Gschrappen schon seit Monaten im Ohr, dass es ein Fahrradd braucht, weil es einmal bei der Tour mitfahren will? Oder Fußballschuhe, eine Eishockeyausrüstung, Ski, einen Ball?
Eine wirkliche Weihnachtsgeschichte würde jetzt natürlich damit enden, dass sich die Wünsche dieser Kindder, wenn es sie denn gibt, doch noch irgendwie erfüllen. Aber nein, dies hier ist nur eine kleine unwirkliche Weihnachtskolumne, bei der es für die Kindder längerfristig besser ist, kein ddepressives Deisler-, Hofeditz- oder Jiménez-Schicksal zu erleiden. Das Honorar für diese Geschichte – es entspricht in etwa dem beinahe Gestohlenen - wird trotzddem gespenddet, wirklich, und zwar für ein Flüchtlingshilfsprogramm. Fröhliche Weihnachdden.

Vermissen Sie etwas?

Na, was haben wir dieses Jahr wieder erreicht? Haben wir in Wimbledon gesiegt? Uns für die EM qualifiziert? Einen Grand Prix gewonnen? Ein anderes Turnier? Nein, aber egal. Je schlechter die Zeiten, desto üppiger das Silvesterfeuerwerk. Sind Sie auch ein pyromanischer Schnalzer, Ladykracher und Tinnituszüchter? Oder sehen Sie wie ich sehnsüchtig durch schmalzige Walzernebel, Raketen, Feuerwerke und Bleigussklumpen und überlegen, ob da draußen im Weltall irgendwo noch jemand existiert, jemand, der uns gleicht, ein Parallelplanet vielleicht, auf dem genau die gleichen Menschen leben, die exakt dasselbe tun wie wir. Ein Paralleluniversum wie die Väter oder Mütter auf den Tennisplatztribünen, wie die Spielerfrauen im Stadion.

In Platons Gastmahl heißt es, dass Menschen ursprünglich, bevor sie Gott als Strafe für ihr Schweinigeln zerrissen hat, Kugeln waren, weshalb wir nun unserem verloren gegangenen Ebenbild nachjagen. Manche trinken sich aus soviel Sehnsucht einen Bierbauch an, andere heiraten oder legen sich ein Haustier zu. Im Sport wird mit Verwandtschaft kompensiert, was manchmal soweit geht, dass einzelne Familien Disziplinen dominieren, die Schuhmachers, Williams, Klitschkos, Hautamaekis, Kostelic, Görgls. Schifahren ist überhaupt ein Mischepochensport, wo der Parallelslalom zumindest in den Aktiven weiterlebt, man es häufig mit Geschwistern und Zwillingen zu tun bekommt, mit immer wiederkehrenden Epples, Gergs, Tlalkas (Malgorzata und Dorota), Mahres (Phil und Steve), Bachledas, Burtins, Bergamellis, Magonis, Neureuthers, Assingers, Fernandez-Ochoas, Cretiers und und und.

Aber es gibt auch Sportarten, wo die Sehnsucht nach dem verloren gegangenen Partner noch offener ausgetragen wird, zum Beispiel beim Tanzen. Ist Tanzen Sport? Oder andersrum gefragt: Hat Sporttanzen noch etwas mit Tanz, der Präambel eines Liebesaktes zu tun? Sind diese Marionetten mit den Lackfrisuren, dem rechteckigen Bodybuilderlächeln und den übertriebenen, ins Perfekte deformierten Bewegungen nicht bizarr und unlebendig wie Verzierungen auf Hochzeitstorten? Sogar wenn sie sich anschauen, blicken diese Tanzpaare durch sich hindurch, verkörpern für Publikum und Punkterichter eine seltsame, irgendwie geistlose, dafür aber perfekte Mechanik, eine fremde, ungemütliche Intelligenz. Mir jedenfalls ist trotz aller Dancingstars ein anderes ebenfalls in Turnsälen sich ereignendes winterliches Paralleluniversum lieber: Hallenfußball!

Hallenfußball, den es in Österreich von 1959 bis 2005 gegeben hat, zumindest vorerst aber nicht mehr gibt. Wie auf einer Wippschaukel wogten da die Spiele hin und her, waren spannend bis zum Schluss, technisch raffiniert. Trotzdem war der Hallenfußball zuletzt nicht mehr als eine Schneekugel im Winter. Zu unernst wurden die Spiele von den Spielern genommen, von den Trainern, die mit zweiten, dritten Garnituren antraten, weil ihnen die Vorbereitung auf das Frühjahr wichtiger war. Wie sagte etwa der damalige Austriatrainer Günter Kronsteiner vor noch nicht einmal einem Jahr über das Aus des Stadthallenturniers: „Im Hinblick auf die EM 2008 ist es fast ein Muss, dass Krankl seine Spieler länger zur Verfügung hat." – Mittlerweile sind sowohl Kronsteiner als auch Krankl weg. Ja, so gemein kann Fußball sein, auch das ist im letzten Jahr passiert.

Für die UEFA gilt es dennoch, zur Festtagszeit nicht nur das Schokoladefläschchenproblem und die Frage, ob Vegetarier Marzipanschweine essen dürfen, zu lösen, sondern auch, einen sinnvollen europäischen Hallencupmodus, ein anständiges Parallelsystem zu finden – und sei es mit Zweitligavereinen. Um der Gefahr einer geldglänzenden Champions-League-Legierung gleich von vornherein entgegenzuwirken, schlage ich vor, die Spieler in Glitzerkleidchen und Sternchenstutzen auflaufen zu lassen, eine Discokugel geht als Ball. Und wenn dann etwa Schwanenstadt, Altach oder Untersiebenbrunn europäischer Hallenmeister wird, kann man auch hierzulande wieder Feuerwerke veranstalten – nicht nur zu Silvester. Ja, das ist mein Wunsch fürs nächste Jahr.

Was Sie schon immer über Sex und Skispringer wissen wollten

von (hier ausnahmsweise) Vranzobel, vohnhaft in Vienna

Haben Buchstaben einen Hintersinn? Der russische Dichter Velimir Chlebnikov hat Anfang des vorigen Jahrhunderts eine Theorie über die Buchstabenbedeutung aufgestellt, wonach unter anderem L-Wörter für gedehnte, erdnahe Dinge stehen: Licht, Latten, Landschaft, Liegestuhl, usw., S-Wörter was Geschwungenes vermitteln: Schlange, Slalom, Salat, Skisprungschanze, usf. Helmut Qualtinger, der große österreichische Kleinkünstler, ist noch weiter gegangen, wollte alle Wörter mit U abschaffen, weil in ihnen Unanständigkeit und Unmoral zu Hause sind: Kuss, Hure, Puff, verkuppeln, Unterrichtsministerium. Freilich kann man das als Jux, der dann allerdings auch abgeschafft wäre, abtun, gelegentlich scheint an dieser Buchstabendeutelei aber doch was dran zu sein. Zum Beispiel beim Vogel-V.

Weibliche Vornamen etwa, wenn sie mit einem V anheben, deuten eine gewisse sexuelle Bereitschaft an, als wären Beine weit gespreizt. Freilich wissen die Verenas, Veronikas und Vilmas dieser Welt davon vermutlich nichts, ist dieser zarte Beigeschmack doch nicht viel mehr als eine Ahnung, vergleichbar jenem feinen, nur von ganz sensiblen Nasen feststellbaren Hauch, den jemand, der vom Einkauf kommt und Klopapierrollen unter die Achsel geklemmt hat, als

WC-Odeur mitträgt – wenn auch nur visuell.

Den Skispringern ist mit der Umstellung zum V-Stil etwas ähnliches passiert. Plötzlich haftet diesen Bürschchen, androgyne Wesen eigentlich, die in ihren Flatteranzügen aussehen wie fliegende Heizdecken, etwas Begehrenswertes an. Plötzlich sind bei der Vierschanzentournee, auch ein Wort mit V, Transparente zu lesen, auf denen sich offensichtlich weibliche Fans, oder besser: veibliche Vans, einzelnen Springern mit „Ich will ein Kind von dir" offerieren.

Vielleicht sind diese ‚Vamp-Fans ja von den zusammengerollten Körpern inspiriert, die wie Faschingspfeifchen die Sprungschanze hinunterschleichen, um sich plötzlich zu entrollen, zu versteifen und wie fliegende Flöten durch die Himmelskuppel pfeifen.

Schispringen ist das Mit-den-Elementen-Kopulieren der nördlichen Hemisphäre. Was im brasilianischen Karneval mit exzessivem Hüftkreisen zu Ehren der „Pacha Mama" geschieht, ist hier ein milchgesichtiges Luftstechen. In leiser sich regender Sinnlichkeit wird der Kopf nach vor gereckt. Die angefeuchteten Lippen festgepresst, die Arme angelegt, gleichen die Schispringer den todesmutigen Samenzellen in Woody Allens „Was Sie schon immer über Sex wissen wollten".

Dabei sind die dünnen Schispringer wohl die heutige Form früherer Kastratensänger, ausgestellte Kasteiungen. Vielleicht sind sie deshalb gerade in den Weihnachtsfeiertagen so beliebt. Während die weihnachtskeks- und marzipanschweinschwangeren Bäuche vor den Fernsehern verdauen, segeln pubertierende, leicht morbide Bulimiker durch die Luft, lassen einen die Schwere der Feiertage im Körper vergessen, die lang schon wieder gebrochenen Vorsätze fürs neue Jahr.

Trotz der K.o.-Duelle im ersten Durchgang ist Skispringen aber nur mäßig spannend, konzentriert sich doch alles auf den Höhepunkt am Schluss, der Rest ist Vorspiel – auch ein Wort mit V. Trainer stehen auf Türmen und warten, bis sich in den Elementen eine Lücke zeigt, in die sie ihre Schützlinge dann winken. Kampfrichter werten wie bei einer Schönheitskonkurrenz, haben sogar den V-Stil akzeptiert, über den sich nicht mehr streiten lässt, hat er doch aus den Sportlern Boygroupstars, aus einer Randsportart ein Großereignis gemacht. Nur einer, der Schwede Boklöv nämlich, wird sich furchtbar ärgern, dass das V in seinem Namen just am falschen Ende steht, sonst wäre dieser aufreizende Sprungstil endgültig nach ihm benannt, dem Vorreiter in Sachen V. Verdammt!

Arnie oder Die Rückkehr der Nebel Ritter

Wenn man Nebel umdreht, hat man Leben. Nebel ist das Blut der Luft, der Saft des Unfesten. Nebel hat sich noch nicht festgelegt, das Element der Unentschiedenen, Maskottchen der Häuslbauer, die vor lauter Ehrfurcht alles zunebeln. Damit der äußere Zustand ihrem Inneren gleicht, unternebeln die Österreicher den natürlichen Voralpennebel mit Hausbrand und Sauerkrautgekoche. Nebel, von dem man in Österreich noch gar nicht weiß, wie man ihn ausspricht, ob man nun korrekterweise Nöwe, Nebe, Nebö oder Näuwäu sagt, hat die Bildung von Eigenbrötlern gefördert, Briefbombenattentäter, Weltmaschinenbauer, Haiderwähler, Nebelfänger.

Lange Zeit war Nebel sehr beliebt, wurde auf Bühnen und Discos alles zugenebelt, hat man Fabriken zur Vernebelung gebaut, lag auch in der Natur selbst soviel Nebel, dass man mit Nebelkuren Tourismuswerbung hätte machen können. Mittlerweile aber, wahrscheinlich wegen der Fernwärme, dem Satellitenfernsehen, der Haiderpartei in der Regierung und den vielen Telefonnetzen, ist der Nebel, von dem man freilich immer noch nicht weiß, wie man ihn nun ausspricht, Nöwe, Nebe, Nebö oder Näuwäu, fast verschwunden. Jawohl, es gibt in Österreich keinen Nebel mehr, nicht einmal im Herbst. Eine Ernüchterung ist eingekehrt, eine unbekannte Klarheit. Und nun wird offenbar, was da alles auf der Nebelsuppe daher geschwommen ist, was die Menschen im Schutze des Nebels alles angerichtet haben,

die Verhüttelung und Verparkplatzisierung der Landschaft, die Zurüstung mit Einkaufszentren und die Übertragung der Alpen auf den menschlichen Körper, die Vermuskelbergerung.
Der Österreicher ist von Haus aus ein einsilbiger, verschlossener und doch sensibler Mensch, der, um seiner schroffen Umwelt widerstehen zu können, Schutz sucht und Geborgenheit. Vielleicht betreiben deshalb alle Bodybuilding, sehen plötzlich nicht nur die Skifahrer aus, als hätten sie Backpulver geschluckt und wären aufgetrieben wie Faschingskrapfen, sondern auch immer mehr Normalbürger.
Sind Bodybuilder schön? Versprechen sie sich auf dem freien Liebesmarkt eine bessere Quote? Solange der Spruch gilt, dass 40 Prozent der Österreicher mit der Pille, der Rest aber mit dem Aussehen verhütet, vermutlich schon. Mich freilich erinnern Bodybuilder an Leute, die in ihrer Freizeit Puzzles bauen, nur dass die Kraftsportler das Ergebnis ihrer Anstrengung nicht auf Sperrholz kleben, rahmen und an die Wand hängen, sondern mit sich herumtragen. Wie Sammler sind sie, die sich Muskel züchten, von denen Normalsterbliche nicht einmal ahnen, dass es sie gibt. Denkt man an die unangestrengte Eleganz der Antike, dann sind diese ums Skelett gewickelten aufgeblasenen Radschläuche eher keine Augenweide. Indes leben wir in einer Zeit voller Comicfiguren, designter Lebensmittel, kurviger Haushaltsgeräte und bauchiger Autos, dass es nur noch eine Frage

der Zeit sein kann, bis auch der Präsident der Welt einen muskulös geformten Conan-Körper braucht. Dass also der muskulös überkandidelte Arnold Schwarzenegger, der mit Todeskandidaten gnadenlose Gouverneur von Kalifornien, bald für das Amt des Präsidenten kandidiert, wird nur der Anfang dieser Verhüttelung und Zurüstung des Körpers sein. Daran werden auch die immer wieder aus dem Nebel auftauchenden sexistischen und rassistischen Äußerungen nicht mehr ändern als die faulen Eier und Sahnetorten, mit denen man den Terminator öfter mal bewirft. Nicht einmal die amerikanischen Wahlmaschinen, die zwar genug Nebel produzieren, sonst aber aus allen Löchern dampfen, werden verhindern, dass wir bald schon alle wie die Michelangelo-Menschen der Sixtinischen Kapelle aussehen werden und nicht mehr wie aufgequollene Michelin-Männchen, weil wir sonst auch gar nicht mehr in die durchdesignte Welt passen. Da kann man eigentlich nur auf die Rückkehr des Nebels hoffen, von dem wir immer noch nicht wissen, wie man ihn ausspricht, Nöwe, Nebe, Nebö oder Näuwäu, und ob er den Herbst nicht doch zu einer jähen Rückkehr nützt. Dann wäre immerhin auch möglich, dass in einem zum Präsidenten gewählten Schwarzenegger seine Heimat wieder hochkommt, er die USA als zehntes österreichisches Bundesland installiert. Dann müssten die Beach Boys im Musikantenstadel auftreten, Fußballer könnten Hollywood spielen und das Franz-Joseph-Land hätte ein erfreuliches Pendant im 21. Jahrhundert.

Daumen drücken

Auf die Wahrheit, auf die Wahrheit, die da,
Du da, Dieter Toter, liegt als Wahrheit
Aufm Platz, aber darunter
Liegen überall in Städten und in Dörfern wie
In Wiesen und in Wäldern Schädel nur und
Schädel, Knocheneiter, leere Augenhöhlen,
Scheitel von du da, Dieter Toter, Menschen, die auch
Einmal lebten, hofften, hofften ja wie wir
Auf die Wahrheit, auf die Wahrheit,
Auf die Wahrheit, auf die Wahrheit,
Aufm Platz, die ganze große Soße als Geschichte,
Auf Spiel und Satz und Tor und Sieg und Prost.
Und nicht auf:

Nach dem Spiel ist vor dem Spiel?
Können Sie das Folgen?
Schauen Sie das ein?
Heben Sie ein Gutes Tag?
Dann schießen Sie hier rein.
Und brunzen: Tor!

Ballade

Ein Gstanzl auf n Stranzl
Martin, und eine Ode auf den Bode,
für den Rangnick bleibt der Limerick,
ein ganzes Drama kriegt der Valderrama,
dieser blonde, vogelnestfrisierte Südamerikaner,
ein Einakter geht sich aus für Mertesacker,
Klaus
Fischer bekommt nur einen Zischer,
einen Hicks gibt es für Ryan Giggs,
nur für den Prohaska, Herbert, hab ich nichts.
Keinen Schüttelreim wie für den Hölzenbein,
auch keine Kurzgeschichte wie für Starek Gustl,
diesem Wichte,
kein Sonett wie auf den Frontzeck Michael
und auch sonst nichts Schönes à la Brüder Hoeneß,
nicht mal einen Hexameter, den kriegt der Schöttel
Peter.
Nein, für den Prohaska habe ich nichts,
denn der Roman gehört dem Kahn,
die Erzählung braucht der van Hooijdonk,
den Schwank kriegt der Feldkamp,
Kalle, dieser friedhofsblonde Fuchs,
reserviert für einen Grünschnabel ist die Fabel,
heißen tut er Ernst und Happel,

da nützt dem Prohaska Herbert kein Gezappel,
auch die Elegie ist lang schon weg,
die hat der Herberger, der Sepp,
und das Märchen von dem spitzen Knie
ist auf einen Ungarn namens Tibor Nyilasi,
und der Rebus vom Derby gehört dem Sören Lerby,
jeder Stabreim meint den Beckham,
jeder Jambus einen Linksfuß,
die Terzine Hans-Peter Briegel
nur der Scirea hat es schwer,
der Ordenewitz, Netzer, Pele,
Maradona, Krankl sehr,
der Abfalterer noch mehr,
aber für den Prohaska ganz allein,
unseren österreichischen Bertilein
bleibt nichts, kein noch so blöder Reim.
Gemein. Gemein. Gemein.

Kleines Plädoyer für eine sportfreie Zone

Nicht, dass ich Sport nicht liebe, aber manchmal, wenn die Welt nur noch aus Joggern und Skifahrern besteht, abends alle in die Fitnesscenter drängen, Rennradler durch die Straßen strampeln, an jeder Ecke einer mit Hanteln und Expander steht, wird es sogar mir zuviel. Sport in jedem zweiten Fernsehkanal, am Kiosk, in deutschen Bahnhöfen gar auf Großleinwänden, Sport, überall Sport, Sport, nichts als Sport, und sogar jetzt befinden wir uns noch darin, wenn auch schon am Rand.

Der Sport ist so omnipräsent, dass er bei manchen Menschen bereits Allergien erzeugt, Sportausschläge, Sportekzeme. Vielleicht wird man aus psychohygienischen Gründen bald schon die Einführung einer sportfreien Zone diskutieren müssen. So wie es jetzt kleine, verqualmte Kämmerchen für Raucher gibt, Grünanlagen, auf denen keine Kinder spielen dürfen, Ruheabteile im Zug oder Wiesen nur für Hunde, wird es dann eben auch garantiert sportlose Räume geben, Räume ohne Tabellen und Ergebnisse, ohne Sieger und Verlierer. Was aber wird man dann dort treiben? Nur die Zeit totschlagen geht ja nicht. Angeln? Das schaut zwar nicht nach Leistung aus, gleichen doch die langen, ins Wasser zeigenden Ruten einem Prostatakranken-Traum vom Urinieren, aber leider, leider, gibt es auch bei Anglern schwarze Schafe, Sportfischer! Was ist mit Spazieren, dem gemächlichen,

nicht zielgerichteten Flanieren? Auch das artet immer öfter in Powerwalking aus.
Dann aber ist mir etwas eingefallen, nämlich dass es eine sportfreie Zone ja schon gibt, wenigstens in Wien: das Kaffeehaus! Das Wiener Kaffeehaus, wo die Zeitungen nicht wie sonst üblich mit Heftklammern verunstaltet werden, sondern ein Skelett aus gebogenem Schilfrohr erhalten; wo man inmitten eines seltsamen Biotops aus Nostalgie und Monarchie in abgewetzte Polstermöbel sinkt, man bei einem kleinen Schwarzen, wie man den Espresso bar jeder politischen Korrektheit hier noch immer nennt, praktisch endlos sitzen kann, mindestens aber bis zur Sperrstunde, weil einen die Ober nach der ersten Versorgung nicht weiter zur Konsumation drängen.
Das Wiener Kaffeehaus ist ein letztes sportloses Refugium. Man fühlt sich wie von einer dünnen Eihaut umspannt, umflutet von breiigem Licht, eingekocht in einer Soße, die aus allen möglichen abstrusen, ja, oft grotesken Welterklärungsmodellen sich zusammensetzt. Nicht zu laut sprechen darf man hier, aber auch nicht zu leise, jedes hysterische Auflachen wird mit Blicken streng bestraft. Dafür zelebriert man jede Bestellung, jedes Zeitungsumblättern wie einen Staatsakt. Die Tortenvitrine hält Esterhazyschnitten, Punschkrapfen und Apfelstrudel bereit, doch ganz egal, was immer man bestellt, und sei es Gulaschsuppe oder Würstel, vom Ober bekommt man so oder so eine Frage nur gestellt: „Schlag dazu?“, womit

er aber keinen Fausthieb, sondern die sonst wohl nur als Sahne bekannte fette Süße meint, auf die übrigens seit Anbruch des sportiven Zeitalters zusehends verzichtet wird.
Was ein richtiges Wiener Kaffeehaus ist, hat auch ein Hinterzimmer mit mehreren kleinen Tischen, an denen alte, Mizzi, Milli, Mini und Fanny heißende Damen tarockieren. Das mehr Wagemut erfordernde, aber ungleich leichtere Schnapsen ist im Kaffeehaus weniger angesagt, wer es trotzdem wagt, gilt als Proletenrammel. Nach undurchschaubaren, aber allen Beteiligten geläufigen Plänen, verwandeln sich irgendwann am späten Nachmittag die grün besamteten Kartenspieltische in Schachbretter, schlüpfen, zumindest scheint es so, Schachspieler aus den Mizzis, Millis, Minis und Fannys. Später verwandeln sich auch sie. Die Nacht gehört dann ganz dem Billard. Natürlich, auch das kann Sport sein, aber im Kaffeehaus betreibt man ihn nicht so.
Im Wiener Kaffeehaus gilt der Sport noch nichts, man spricht nicht über ihn, er kommt nicht vor. Manchmal tut das gut, manchmal sogar sehr.

Falter-Interview

Die Fragen wurden 2002 gestellt, die Antworten 2006 nochmals überdacht.

Die WM fängt an, und Österreich ist nicht dabei, mit einem Wort, es wird fad?

Glaube ich nicht, erstens sind wir das ja schon gewöhnt, zweitens können wir immer noch darauf hoffen, dass die Deutschen möglichst bald ausscheiden.

Was empfinden Sie beim Anblick eines Hans Krankl, wenn er sich bei der Bundeshymne ans Herz greift?

Zuerst möchte ich mir vor Lachen in die Zunge beißen, aber dann, sobald ich darüber nachdenke, finde ich es in Ordnung. Wir Österreicher haben ein Problem mit Patriotismus, weil wir ein Problem mit der österreichischen Nation haben, weswegen uns so etwas lächerlich vorkommt. Wo anders wäre das doch ganz normal.

Und wie ist das bei Ihnen?

Ich bin gerne Österreicher, ich habe kein Problem damit, ich bin auch für den Ankauf eines Flugzeugträgers, weil, wenn schon Staat, dann auch richtig. Aber im Sport, besonders im Fußball, ist man Niederlagen gewöhnt. In Österreich Sportanhänger zu sein, bedeutet ständig Buße zu tun, eine Dauerlektion im Verlieren. Oder man überlegt sich Alternativstrategien: Warum machen die Stürmer bei Eckbällen keine Räuberleiter? Wieso bilden nicht zehn Spieler einen Kreis, in deren Mitte einer mit dem Ball in Richtung Tor läuft? Und warum versuchen die Stürmer der engen Manndeckung nicht mit Nichtwaschen und Unhygiene zu entgehen?

In einem Ihrer Fußballtexte schreiben Sie, dass Fußball unglaublich inflationär geworden sei.

Ich bin aufgewachsen mit einer samstägigen 10-Minuten-Berichterstattung. Heute gibt es eine Stunde Vorbericht, eine Stunde Nachbetrachtung, zehn Spiele pro Tag, unzählige Fußballdiskussionen und den unsäglich uninspirierten ORF-Kommentar. 50 Prozent der Fernsehkanäle sind mit Fußball verstopft. Das ist beängstigend, weil Fußball zusehends alles andere ersetzt. Fußball ist ja nicht mehr subversiv, hat nichts Proletarisches mehr, Fußball ist schick geworden, ein Yuppiesport. Heute wird auf der Frankfurter Buchmesse mehr über Fußball geredet als über Literatur.

Aber auch aktiver Sport wird immer wichtiger, oder?

Ich gehe jetzt seit 20 Jahren in den Wald „rennen". Dauerlauf hat man das früher genannt. Heute ist jeder noch so entlegene Waldweg mit Joggern verstopft. Es herrscht ein manischer Zwang zum Sportlichen. Wer nicht ausgezuzelt und abzehrt ausschaut, der hat es nicht geschafft, hat nichts erreicht, hat sich gehen lassen, ist ein Versager, sein Leben ist sinnlos. Mir aber ist die Qualtinger-Mentalität, das Negieren des Körpers, die totale Sucht, sympathischer. Das gibt es aber kaum noch. Hermes Phettberg ist vielleicht der letzte, der diesen berühmten Sport-ist-Mord-Churchill-Spruch noch lebt.

Es gibt ja auch in der Literatur eine Tendenz zu Sportthemen. Eine Literatur à la Nick Hornby „Fever Pitch" ist geradezu in. Was interessiert Sie am Thema Fußball, Sport und am Körperlichen, das mit dem Thema zusammenhängt?

Fußball ist ein Teil meiner Sozialisation. Ich bin am Land aufgewachsen, da war es Pflicht, einen Verein zu „haben". Noch heute kann ich sagen, welcher meiner Mitschüler zur Voest gehalten hat, zum LASK, zur Vienna, zur Austria, usw. Ich hab dem Fußball unglaublich viel Lebenszeit gewidmet. Dass man ihm aber literarisch näher kommen kann, glaube ich nicht, da herrschen andere Gesetze. Man kann dafür alles Mögliche, zum Beispiel die Eckfahnen, die Outwachler, die Pause, o. ä. zum Thema machen, und daran eine Art Alltagsphilosophie entwickeln, die den Fußball als Katalysator und Metaphernreservoir benützt, wie ich es in meinen Essays ja auch versuche.

Und wie halten Sie es mit der so genannten „Pop-Literatur“, die sich auch populärer Themen annimmt?

Den Anspruch, den ich an Literatur habe, ist, dass sie eine Gegenwelt erschafft, ein eigenes Universum generiert. Gewissermaßen ein Fleischwolf, durch den eine Leserwirklichkeit gedreht wird. Literatur muss einen durchfaschieren, alles in Frage stellen – und dabei unterhalten. Mit Pop hat das meines Erachtens wenig zu tun. Obwohl ich mich gerne als Volksdichter verstehe, was dann erst wieder Pop ist.

Wobei der Leser in Ihren Büchern mit zahlreichen Tabubrüchen, ungewöhnlichen Sichtweisen, teilweisende Schockierendem konfrontiert wird.

Zuerst will ich immer eine nette kleine Geschichte schreiben, nur entgleitet mir die meist, was ich natürlich zulasse. Ich will ja weiterkommen, mich entwickeln, beim Schreiben was erfahren, daher überschreite ich manchmal Grenzen des Gewohnten, des Erträglichen, der Konvention, aber immer mit der Hoffnung auf eine anschließende Reinigung, eine Katharsis. Niemals mit der Absicht, jemand zu verletzen. Aber ich habe einen satirischen, vielleicht zynischen Blick, weshalb ich mich bemühen muss, die Liebe und den Respekt gegenüber den Menschen nicht zu verlieren. Meine Bücher sind zwar politisch unkorrekt, radikal und oft auch grauslich, aber trotzdem kann man sie immer als Hymne an das Leben, an das kurze Glück des Augenblicks verstehen.

Zurück zum Fußball. Wenn man Sie als Schriftsteller mit Begriffen aus der Fußballwelt beschreiben wollte, könnte man sagen: Sie sind ein verspielter Mittelfeldspieler mit einer ausgereiften Technik, der sich manchmal ein bisschen verzettelt. Stimmt diese Einschätzung?

Besser schön verzettelt, als schnell verschossen. Aber fußballerisch ist es bei mir umgekehrt, bin spieltechnisch stümperhaft, habe aber halbwegs einen Überblick und auch etwas Torgefährlichkeit. Schriftstellerisch bin ich ein Monolith, irrsinnig viele Stoffe tummeln sich in meinem Kopf. Ich produziere ja auch viel zu viel, bin meine eigene Inflation, bringe zu viele Bücher heraus.

... in denen man meist mit viel Personal und unzähligen Motiven konfrontiert wird. Manchmal zu viele, wie hie und da Kritiker meinen.

Ich verwebe Themen und Motive. Bei Romanen wie „Scala Santa" und „Das Fest der Steine" habe ich mit großen Plänen gearbeitet und manchmal war dann auch die Ahnung da, dass alles mit allem korrespondiert, alles stimmt, etwas aufgeht und eine ungeheure barocke Koinzidenz erreicht, ein famoses Glücksgefühl. Meine Texte sind sehr verdichtet, stellen oft die gewohnte Leseperspektive auf den Kopf, und es braucht wohl etwas Zeit, bis man sich eingelesen hat, dann aber, habe ich mir sagen lassen, geht es, macht es Spaß, gaberlt, trippelt, umspielt und ist nicht mehr zu stoppen.

Index